부름 받아 나선 이 몸 어디든지 가오리다

첩첩산중에서도
순종하는 한 사람을 통해
이뤄지는 주님의 역사

부름받아 나선 이 몸
어디든지 가오리다

최기수 지음

규장

새 일을 행하신 주님을 찬양합니다.
많이 부족하고 연약하지만
하나님께서 일하심에 감사하고,
하나님의 말씀을 받아쓰기하는 마음으로
하나님을 노래하고자 합니다.
이제부터 행하실 하나님의 새 일을
기대하고 소망합니다.

하나님의 함께하심이 가득한 삶과 목회

올여름, 분당우리교회 청년 40여 명이 강원도 정선 산골에 있는 덕천교회로 아웃리치를 다녀왔습니다. 혹자는 그곳을 '3일짜리'라고 부릅니다. 며칠 지내기엔 좋지만, 외롭고 불편해서 그 이상은 사람 살 곳이 아니라는 겁니다. 이 책은 바로 그곳을 묵묵히 지키며 복음 들고 산을 넘는 산골 목회자의 이야기입니다.

청함을 받은 자는 많으나 아무도 가려 하지 않는 그 깊고 험한 산골에 말씀으로 인도함을 받아서 순종하고 들어가는 목사님과 사모님의 모습에서 큰 감동을 받았습니다.

무속신앙이 팽배한 영적 전쟁터에서의 분투, 열악한 환경에 들어가 함께 살아가며 한 영혼 한 영혼을 온 힘 다해 섬기는 사랑, 게다가 마을과 지역에 복음으로 선한 영향력을 끼치는 모습 등은 "근심하는 자 같으나 항상 기뻐하고 가난한 자 같으나 많은 사람을 부요하게 하고 아무것도 없는 자 같으나 모든 것을 가진 자"(고후 6:10)라는 말씀을 생각하게 합니다.

주님의 종을 혹독하다 싶게 단련하면서도 따뜻이 돌보시고, 택배도 가지 않는 그 오지 산골로 동역자를 보내 합력하게 하시는 하나님의 함께하심이 목사님의 삶과 목회 속에 가득한 것을 보며 말할 수 없는 감동에 젖게 됩니다.

목사님은 "산골 목회의 현실은 매 순간이 위기이고 절박함"이라고 했습니다. 이 이야기가 오늘도 산골, 농어촌, 섬을 비롯한 모든 땅끝에서 이름 없이 빛도 없이 견디고 버티며, 보이는 열매가 없어도 신실하게 사역하는 '착하고 충성된 종' 한 분 한 분에게 힘과 격려가 되기를 바랍니다. 또한 '아골 골짝 빈 들' 대신 편한 곳에 머물고 싶은 우리의 안일한 마음을 깨우고, 기도와 섬김으로 기쁘게 동역하도록 손잡아 끄는 나팔 소리가 되기를 소망합니다.

이찬수 목사 | 분당우리교회 담임

한 사람의 사명자를 세우시는 부르심의 무게

하나님께서 한 사람의 목회자를 불러내시고 사명을 주시며 빚어가시는 간증의 이야기는 독특하고 경이롭습니다.

특히, 늦깎이 신학생으로서 하나님의 섭리와 은혜로 목회자가 되어가는 10년 가까운 과정을 마치고, 순종하는 마음으로 강원도 산골 마을에 첫 담임목사로 부임하게 되는 삶에서 '부르심'의 무게가 느껴집니다.

또한, 한국 사회의 근원이요 뿌리인 농어촌의 절박한 목회 현장을 잘 보여주는 이 책을 통해 많은 분이 위로와 힘을 얻으시기를 소망합니다.

김은호 목사 | 서울오륜교회 담임

젊은 교회, 젊은 목회자

최기수 목사는 학생으로 공부할 때부터 고향 교회에 대한 애정과 비전이 남달랐습니다. 큰 교회의 담임목사를 꿈꾸는 여느 학생들과 달리 그는 고향 교회를 어떻게 섬길지 늘 동료 신학생들에게 자신의 꿈을 흥분하며 이야기하곤 하였습니다.

그의 열심과 애정에 조그마한 도움이라도 되고파 우리 교회의 청년 사역자들을 덕천교회에 단기 선교팀으로 파송한 일도 있었습니다. 사역을 마치고 돌아온 청년 팀장들은 이구동성으로 사역에 임하는 최 목사의 모습에 감동을 받았다고 간증(?)하였는데 그때 그 열정적인 모습은 지금도 변함이 없어 보입니다.

이 책에서 교회를 향한, 또 고향 교회를 향한 최 목사의 열심과 애정을 느낄 수 있었습니다. 독자 여러분 또한 교회에 대한 최 목사의 애정과 열정을 느낄 수 있을 것입니다. 작고 정체되어 보이는 교회를 애정과 열정을 가지고 변화시키며 하나님의 나라를 세워가는 주의 참된 일꾼의 모습을 목격할 수 있을 것입니다. 젊은 감성이 아니라 세상과 지루하게 반복되는 일상에 대항하여 교회를 젊게 바꾸어가는 그의 사명에 대하여 느낄 수 있으리라 믿습니다.

　나이만 어리다 하여 젊다 하지 않습니다. 나이는 어리지만 열정도 없고 꿈도 없어 보이는 젊은이는 젊어 보이지 않고 오히려 '애늙은이'란 소리를 들을 것입니다. 교회도 그렇습니다. 교회를 새로 지었다고 하여 교회가 젊어지는 것은 아닙니다. 꿈도 열정도 없고 그저 사람들이 모였다 흩어지는 것만을 반복하는 교회는 새로 지었다 한들 젊은 교회, 살아 생동감 있는 교회라 할 수 없을 것입니다.

　목회자가 하나님의 나라를 이 땅에 세우고 복음을 지역사회에 전하려는 열정과 꿈을 가지고 교회를 이끌 때 교회는 젊어집니다. 생동감이 있습니다. 살아 있음을 느낄 수 있게 합니다.

　최 목사는 시골교회를 젊은 교회로 만들어가는 젊은 목회자입니다. 물론 그가 목회하는 교회는 도회지에 있는, 폼 나고 화려한 건물을 가진 교회는 아닙니다. 강원도 영월의 작은 시골 교회일 뿐이지요. 그러나 그는 많은 목회자가 가기를 꺼리는, 산골에 있는 전통적인 교회를 젊은 교회로 변화시키고자 하는 꿈 많은 목회자입니다. 이런 그의 모습을 하나님이 기뻐하실 것이라 믿습니다.

황건영 목사 | 칼빈대학교 총장

흔들림 없이 걸어가는 신실한 사역자

저는 학교에서 최 목사님이 기숙사 사생회장일 때 생활관장으로, 총학생장일 때 교목실장으로, 그리고 신대원 원우회장일 때 학생처장으로 만나 그의 사역과 민낯(?)을 근접해서 볼 수 있었던 한 사람이었지요. 가까이 일하며 서로 마음과 생각을 맞대었고, 그러한 현장에서 그의 민낯은 성실과 됨됨이였습니다. 믿을 수 있었고, 신실했습니다.

제가 칼빈대학교회를 담임할 때 최 목사님에게 부목사님으로 와달라는 제안도 했지만 대답은 거절로 돌아왔습니다. 바로 덕천교회 사역 때문입니다.

세상이 교회를 걱정하고 교회는 복음과 현실 사이를 바장이는 오늘날, 주님과 한 영혼을 위해 흔들림 없이 걸어가는 한 명의 사역자를 가슴으로 볼 수 있음에 한없이 기쁩니다. 희망의 빗장을 여는 떨림이 일어납니다. 그리고 기대합니다. 최 목사님 삶의 한 자리 한 자리와 한 소절 한 소절이 우리에겐 도전과 응전이 되고, 주님께는 영광이 되며, 주님으로부터는 은혜로 옷을 입는 목양과 삶의 여정이기를 말입니다.

사람이 찾는 한 사람이 아닌, 하나님이 찾으시는 한 사람으로 늘 언제나 남아있기를 기대하고, 응원하며, 기도합니다.

강유택 목사 | 칼빈대학교 구약학 교수

목사님의 믿음과 인내에 빚을 졌습니다

2022년 가을, 농어촌 교회를 다큐멘터리 아이템으로 결정하고 시골을 향한 주님의 마음을 담고 싶다고 기도했을 때 덕천교회를 만났습니다. 오지라고 해도 이견이 없을 만큼, 강원도 산골을 몇 번이나 넘어야 도착하는 교회. 그곳에 이웃과 함께 살아가는 최기수 목사님 가정이 있었습니다.

촬영하는 동안 저는 충격의 연속이었습니다. 제 얕은 믿음으로는 절대 흉내조차 낼 수 없는 너무나 숭고한 사랑…. 하나님은 덕천리를 사랑하는 마음을 목사님과 사모님을 통해 생생히 전해가고 계셨습니다.

다큐멘터리를 촬영하다 보면 현장을 영상에 모두 담을 수 없어 아쉬울 때가 많은데, 덕천교회 촬영이 유독 그랬습니다. 보통 한 시간이면 끝날 인터뷰가 장장 세 시간이 넘을 때도 이 귀한 간증을 다 나눌 수 없어 안타까웠으니까요. 그런데 이 생생한 이야기가 이렇게 책으로 나와 세상에 전해진다니 속이 참 시원할 정도입니다.

이 책은 하나님은 살아계신다는 진솔한 고백입니다. 그 고백은 주님 앞에 겸손히 나아간 순종이 있었기에 이루어졌습니다. 우여곡절이 많았던 목사님의 인생은 허투루 된 것 없이 하나하나 준비시키시는 하나님의 계획이었습니다. 그 뼈아픈 과정을 목사님이 믿음으로 견뎌내셨기에, 하나님의 살아계심을 이렇게 책으로도 경험할 수 있으니 저는 큰 빚을 진 느낌입니다.

삶을 살다 보면 때론 고난 앞에서도 침묵하시는 하나님을 경험합니다. 그러다 생각지도 못한 때 하나님은 까마귀를 보내주셔서 먹이시고, 또 예상치 못한 길을 열어주시기도 합니다. 그래서 우리가 결국 하나님은 살아계시는구나, 인정할 수밖에 없게 하시죠.

최기수 목사님의 간증은 지금 고독한 길을 걷고 있는 분에게 하나님은 살아계신다는 확신을 줄 것입니다. 하나님이 계시지 않는다면 이 모든 일이 일어날 수 없었을 테니까요.

이 책을 통해 당신을 위해 예비하신 하나님의 마음을 누리시길 소망합니다.

박소연 PD | CGN 〈시골 목사 전원일기〉 연출

주님의 시선 끝에서 만난 분

가장 위험한 찬송가로 불리는 곡이 있습니다. 성도들이 가장 부담스러워하는 찬송가라고들 합니다. 바로 323장 〈부름 받아 나선 이 몸〉입니다.

부름 받아 나선 이 몸 어디든지 가오리다…

사람들은 이왕이면 좋은 자리, 편한 자리, 비싼 자리, 높은 자리에 가고 싶어들 합니다.

그런데 주님의 시선은 그런 자리에는 머물지 않는 것 같습니다. 안 좋은 자리, 불편한 자리, 하찮은 자리, 낮은 자리에 주님의 마음과 시선이 머뭅니다. 이 진리는 많은 사람이 알지만, 현실에서 수용하고 순종하기가 어렵습니다.

새로운 저자를 찾을 때 항상 주님의 시선에 주목합니다. 그분이 지금 바라보시는 사람, 그분이 임재하시는 공간…. 주님의 시선을 따라가다 만난 분이 바로 최기수 목사님입니다.

누가 생각해도 가기 싫은 자리, 소망이 없어 보이는 자리. 다 알지만 주님이 요청하시기에, 주님이 원하시기에 목사님은 기쁨으로 그곳에 가셨고 그곳에서 이름 없이 빛도 없이 감사하며 섬기고 계십니다. 바로 그곳에 주님이 나타나시어 역사하십니다.

이 땅에 수많은, 이름 없이 빛도 없이 섬기시는 주님의 사명자들을 주님이 격려하고 응원하기를 원하시는 것 같습니다. 이 책을 통해 최 목사님뿐 아니라 가장 힘들고 어렵고 외로운 곳에서 주님을 위해 수종 드는 충성된 사명자들에게 주님의 위로가 임하길 기도합니다.

여진구 대표 | 규장출판사 & 갓피플

인도하신 분이 하나님이시기에
오늘도 순종의 한 걸음을 내딛습니다

어느덧 덕천리에 들어온 지도 6년 차가 되었다. 산골 목회의 현실은 어쩌면 매 순간이 위기이고 절박함이지만 그 속에서 하나님의 일하심을 경험하는 것은 산골 목회에 주신 하나님의 특별한 복이자 특권이기에 오늘도 새 일을 행하실 주님을 바라본다.

그동안의 시간을 돌아보면 주님 보시기에 참으로 부끄럽기도 하고 죄송스럽기도 하다. 하지만 기록된 말씀 속의 하나님을 내 삶과 사역 속에서 실제적으로 체험하는 놀라운 역사를 보는 것은, 매 순간 부족하지만, 순종의 훈련을 통해서 이루어짐을 알게 된다.

이 책도 그렇게 시작되었다.

어쩌면 부족한 종을 통해 일하시는 하나님의 계획과 섭리에 그저 부족하다고만 여겼던 나는 '포장된 겸손'이라는 거울 앞에 내가 교만한 모습으로 서 있다는 것을 깨달았다.

하나님의 일하심이 영상에 담기다

2022년 어느 날, 한 통의 전화를 받았다. CGN 방송국의 다큐팀 작가님에게서 걸려온 전화였다. 농어촌의 사역들을 다큐로 만들 계획이 있으며 여기서 우리 덕천교회의 사역을 보여주고 싶다는 제안이었다.

사실 그동안 여러 기독교 방송국에서 출연 제의가 있었다. 그러나 나는 사역의 겸손이라는 포장과 부끄럽다는 이유로 거절을 해왔고, 이번에도 작가님의 제안에 또 거절의 뜻을 전했다. 그런데 며칠이 지나지 않아 다큐팀 담당 피디님이 직접 찾아오셨다. 이곳이 어디라고 젊은 여성이 혼자 차를 몰고 교회를 방문하였을 때는 그저 놀라울 따름이었다.

된장찌개에 호박잎을 쪄서 함께 식사한 후에 피디님이 만들고 싶은 프로그램의 취지를 들을 때 이미 내 속에서는 하나님의 일하심을 노래하고자 하는 마음이 요동치기 시작했다.

"교회라고 한다면 모든 공교회가 주님의 핏값으로 사신 하나의 교회일 텐데, 다큐를 통해 코로나 이후 현재 농어촌의 실정과 사역을 모든 교회가 함께 직시하고 기도하고 동역했으면 좋겠다는 취지로 이 프로그램을 기획하게 되었습니다."

하나님께서 우리 덕천교회를 통해 일하심이 너무도 크고 놀랍기에 내 가슴은 뛰기 시작했다. 모든 농어촌과 미자립 교회가 어렵고 힘든 상황이지만 그럼에도 불구하고 역사하고 계시는 하나님을 드러내고 싶다는 피디님의 말에 나는 순종하기로 했다.

그렇게 CGN 다큐 〈시골 목사 전원일기〉가 시작되고 〈어메이징 그레이스〉 34 - 35회 방송까지 이어졌다. 방송을 통해 '하나님이 왜? 이 방송을 하게 하셨을까?'라는 질문에 답을 얻게 되었다. 그것은 바로 '회복'이었다. 작은 시골교회지만 그 속에 살아 역사하시는 예수 그리스도의 생명을 통해 하나님은 회복을 명하시고 친히 회복케 하셨다.

하나님이 기뻐하시는 삶 속에서 매 순간 믿음으로(히 11:6) 순종하며 살아갈 때, 반응하시는 하나님으로 인해 주님의 기쁨이 나의 기쁨 되는 것임을 다시 한번 깨닫게 하셨다. 하나님의 꿈은 꾸는 것이고, 하나님의 비전은 품는 것이며, 하나님께서 주신 사명은 행하는 것이고, 하나님의 사역은 즐기는 것이다!

한 걸음을 떼기조차 두렵고 힘든 나날 속에 거할 때라도, 그 걸음을 인도하신 이가 하나님이셨다는 것을 너무도 잘 알기에 오늘도 말씀 앞에 서서 순종의 한 걸음을 내딛게 된다.

하나님이 주시는 마음을 받아쓰다

방송 이후 여전히 한 걸음씩 나아가고 있던 그 때에 하나님께서는 또 한 번의 새 일을 행하고 계셨다. 바쁜 일상으로 분주할 때 한 통의 전화가 걸려왔다. 다름 아닌 규장출판사의 여진구 대표님이었다.

" '규장'과 '갓피플' 대표 여진구입니다."

대표님의 자기 소개에 이어 뜻밖의 제안을 듣고 나는 어리둥절해졌다. 한 번도 생각해보지 못한 일이었기 때문이다.

'내가 책을 낸다고?'

이 일은 어쩌면 불가능한 일인 것만 같았다. 사실 나는 책과는 거리가 먼 사람 중 하나다. 말로만 듣던 '규장'에 대해서도 그리 잘 알지 못하던 무식한 나였다.

무식하면 용감하다는 말이 있듯이 대표님의 제안에 나는 이내 순종하기로 했다. 순종하면 그다음의 일은 하나님이 하신다는 사실을 작은 믿음을 통해 보았기 때문이다. 그렇게 대표님과 만나게 되었고, 그 만남을 통해 아내와 나는 오히려 더 많은 위로와 도전을 얻게 되었다.

대표님은 말씀하셨다.

"하나님이 하시는 말씀을 받아쓰기하는 마음으로 써보세요."

'그렇지!'

하나님이 주신 말씀을 받아서 쓰기만 하면 된다는 그 말에 많은 감동과 은혜를 받았다. 하나님이 하실 것을 기대하며 그렇게 받아쓰기가 시작되었다.

몇 날 며칠을 밤새며 써 내려간, 덕천교회를 통한 하나님의 이야기는 너무도 흥미롭고 놀라웠다. 편집부에서 정리한 초고를 받아 읽어본 후 알게 되었다. 나는 지금 너무도 행복한 목회를 하고 있다는 사실을. 그래서 감사하고 또 감사했다.

앞으로의 목회가 하나님의 기쁨이 되는 목회가 되길 간절히 소망한다. 때로는 열매가 보이지 않을 것 같은 상황이 전개되고 '이대로 괜찮은 건가?', '이렇게 하면 되는 걸까?', '지금 잘하고 있는 건가?' 하는 수많은 질문을 던지며 가는 목회의 여정일지라도 나는 분명히 안다. 모든 것이 합력하여 하나님의 구원의 선을 이룬다는 사실을! 그리고 그 일의 끝에는 반드시 하나님이 아름다운 열매를 맺게 하시리라는 사실을!

'하나님, 영광 받아주옵소서!'

받은 은혜와 사랑을 감사하며 달려가리라

얼마 전 여름 사역을 통해 참 많은 은혜를 누리며 감사를 드렸다. 복음을 들고 산을 넘어온 아름다운 발들을 통해서 여전히 하나님의 역사를 써 내려가고 있다는 기쁨을 누렸다.

세상에, 여름 사역을 통해 난생처음 예배의 자리로 나아온 어르신들이 여덟 분이나 되었다. 이분들이 그동안 섬김 사역 중에 교회를 방문한 적은 있지만, 하나님을 예배하는 정한 시간에 자발적으로 나아온 것은 놀라운 기적이다. 이미 성령 하나님이 그 마음의 문을 열어주신 것이다.

표면적으로는 종교가 없는 것 같아도 이분들 중에는 단군신, 나무신, 산신을 섬기고 무속을 따르는 사람까지 다양하게 있다. 하지만 이미 하나님이 일하셨음이 분명하기에 이들 전부 다 천국 백성 될 것을 확신한다.

이처럼 주님이 찾으시고 기뻐하시는 잃어버린 영혼이 주께로 돌아오는 역사가 계속 일어나기를 간절히 소망한다. 그 일이 사역의 전부이고, 내게 예수님이 전부이시기에 오늘도 감사하며 즐거이 달려간다.

그리고 이 귀한 사역에 함께 힘써 동역해주신 모든 주의 권속들에게 이 책을 통해 감사의 말씀을 전하고 싶다.

먼저는 1대 담임목사님이신 이태식 선교사님(후쿠오카 오무타 로고스교회)에게 존경과 감사의 말씀을 드린다. 사실 덕천교회 사역의 모든 열매를 기쁨으로 볼 수 있었던 것은 전임 목사님이 이미 심어두신, 우리의 사역과는 비교할 수 없을 만큼 많은 수고와 눈물이 있었기에 가능한 일이었다.

전임 목사님이 뿌려놓으신 복음의 씨앗이 눈물의 기도를 통해 성령 하나님의 역사로 열매를 맺어 우리가 누릴 수 있음에 감사할 뿐이다.

2018년 처음 부임할 당시 아무것도 없던 그때, 선교사님이 이것밖에 못 드려서 미안하다면서 없는 중에 탈탈 털어서 마련한 쌈짓돈 500만 원을 주시고, 1년간 버텨보라는 말과 함께 눈물로 기도해주시던 일이 생각난다. 자신의 살림살이까지 모든 것을 다 주고 가시며 그저 덕천리를 향한 사랑의 마음을 쏟아 부어주신 이태식 선교사님에게 마음 깊이 감사드린다.

부임 초부터 함께 사랑으로 후원해주신 소망예빛선교회, 제천 성도교회, 울산 대영교회, 영월 제일교회를 비롯하여 칼빈교회, 통영 하나교회, 서울 남포교회, 그리고 기도와 섬김과 물질로 후원해주신 모든 분께 진심으로 감사를 드린다.

우리 덕천교회가 받은 바 그 은혜와 사랑을 기억하고, 주어진 목회의 여정 속에 비전으로 하나 되어 푯대를 향해 힘써 달려갈 것을 간절히 사모한다. 바라기는 지금도 여전히 살아 계셔서 역사하시고 우리와 함께하시는 하나님을 이 책을 읽는 모든 분이 경험하시길 소원한다.

정선군 덕천교회에서 복음 들고 산을 넘는

최기수 목사

추천사
프롤로그

CHAPTER
1

막골, 믿음의 시작 —————— 26

비뚤어질 테다 • 엄청 착하고 순진한 여학생 • 아버지의 눈물을
보다 • 사실 나 교회 다녀

CHAPTER
2

목회의 길로 —————— 46

달콤살벌한 신혼생활 • 건강의 위기로 찾아온 부르심 • 나는 오
늘 죽었다 • 치유의 기적 • 신학교에 가야 할까요? • 확실한 응
답, 캄캄한 눈앞

CHAPTER
3

광야 신학교 —————— 66

늦깎이 신학생 • 하나님, 왜 저를 방치하십니까 • 뒤틀리는 관
계들 • 여전히 하나님은 나를 보고 계신다 • 여우도 머리 둘 곳
이 있는데 • 하나님이 먹이고 입히시는 은혜의 광야

CHAPTER
4

아골 골짝으로 —————— 86

제가 가겠습니다 • 가시지 않는 충격 • 여보, 나 약국 그만둘까?
• 환영식인가 신고식인가 • 야생 그대로의 집 • 덕천리 전투 •
산골 주민들의 냉대 • 기도해드릴게요

CHAPTER
5

덕천리 섬김 사역 —————— 116

내 양을 먹이라 • 충격적인 첫 심방 예배 • 영양실조 할머니 댁 심방 • 섬김 사역의 시작 • 영혼들을 섬기기 위한 몸부림

CHAPTER
6

귀한 동역자들 —————— 136

브리스길라와 아굴라 부부 • 패기와 열정의 청년 사역 • 첫 열 매를 함께한 따뜻한 수고 • 다시 열정의 불씨를 당긴 협력 사 역 • 청년들이 전해준 감동 • 최고의 동역자, 아내 • 가족의 동역

CHAPTER
7

한 영혼 이야기 —————— 172

저 입을 닫게 해주옵소서 • 기도한 대로 바꿔주시다 • 너무도 그리운 목소리 • 왜 우세요? 나를 잘 아는가 보네 • 하나님, 무 어라 기도해야 할까요

CHAPTER
8

재건축, 새로운 시작 —————— 192

엄마 아빠, 안녕! • 일을 만들며 성취하시는 여호와 • 여기서 어 떻게 아이를 키우실 거예요? • 내 계획을 날려 보낸 태풍 • 하 나님이 붙드시는 기초공사 • 취소된 입당 예배 • 선포한 대로 • 마을에 일어난 변화

CHAPTER
9

믿음의 결산 —————— 222

다섯 목사의 건축 어벤져스 • 덕천교회의 현주소와 방향 • 복지 사역의 새로운 꿈 • 결산 받을 그 날을 바라보며

막골,
믿음의 시작

1

비뚤어질 테다

나는 1977년 8월 11일, 강원도 영월군 북면 마차리에서 태어났다. 〈웰컴 투 동막골〉이라는 영화의 배경 같은, 막골이라는 오지 마을이다. 당시 마을은 석탄을 캐는 광산촌으로 개도 만 원짜리를 물고 다닌다고 할 정도로 부를 이루던 시절이었다. 아침이면 2번 일을 마치고 퇴근하는 광부들과 가겟집에 모여 삼겹살에 한잔 술을 들이켜며 회포를 푸는 광부들이 많았다.

그런 속에 나의 아버지도 광산 일을 하셨다. 문제는 아버지의 인생이 그야말로 개차반이었다는 것이다. 마을에 큰소리가 나면 그 주인공은 언제나 아버지였다. 주막 아주머니가 "너네 아버지 좀 데리고 가라"라고 사정을 하셔서 가보면 아버지는 언제나 술이 만취한 채 소주병을 씹어 입 안이 피로 가득하고, 주위 사람들은 다 도망가 버리고 없었다.

소싯적에 주먹세계에서 놀던 분이라 그야말로 성질 하나는 남부럽지 않았다. 화가 나면 어머니를 지게 작대기로 때리고, 살림을 부수고 하는 게 전문이었다. 어머니는 그런 아버지에게 감히 말대꾸할 생각도 못 하고 두려움에 떨곤 하셨다.

부산 아가씨이던 어머니는 꽃다운 스무 살 적에 서른 넘은 강원도 노총각한테 거의 끌려오듯이 시집 오셨다. 군 복무를 피하려고 도망 다니던 아버지가 부산에서 잘나가던 부잣집에 은신하려고 들어가 살다가 어머니를 그냥 데리고 강원도로 왔다는 것이다. 참 이해가 안 되는 일이지만 아버지는 그정도로 엄청난 사람이었다.

그렇게 군 기피자로 도망 다니던 아버지는 조금만 더 버티면 나이가 차서 입대를 안 해도 될 즈음, 두 달을 남기고 붙잡혀서 31세에 입대하셨다. 어머니를 강원도 평창 청옥산 육백마지기 땅에 숨겨두고 군대에 갔다가 제대 후 누나와 형, 그리고 나를 낳고 사셨다고 한다.

먹고살기 힘든 시대, 무엇이든지 닥치는 대로 일해야 입에 풀칠이라도 할 수 있었던 그때 아버지는 누구나 할 수 있는 막장 일을 하기 시작했다. 인생은 참으로 힘들다. 그렇게 하루하루 탄광 막장에서 일하다가 얻은 것은 채독(菜毒)과 여러 가지 이름 모를 병이었다. 아무것도 먹지 못하고, 당시 약이 없어서 재래식 화장실에서 똥 위에 맑게 뜬 물을 떠서 먹거나 배춧잎을 태워 물에 타 먹는 게 전부였다.

그럴 때조차 아버지의 성질은 여전해서, 혹여라도 배춧잎을 덜 태우거나 똥물에 건더기가 섞이거나 하면 언제나 주먹이 날아왔다. 어머니는 그 어린 나이에 자녀들과 함께 그런 힘겨운 삶을 살아내야만 했다.

●

"예수 믿으세요."

병으로 인생의 마지막 순간에 고통받던 아버지에게 들려온 것은 예수님을 믿으라는 권면이었다. 받아들이지 못하던 아버지는 "예수를 믿으려면 내 주먹을 믿겠다"라며 도리어 화를 내셨다.

사실 어머니 집안은 할머니 때부터 예수를 믿는 집안이었다. 딸을 그렇게 보내놓고 딸을 찾아와 하염없이 울던 외할머니는 그 산골에서 산을 넘어 새벽기도를 다니시곤 했다. 헛간에서 울며 기도하는 외할머니를 향해 아버지는 언제나 "저 노인네 미쳤네!"라며 소리를 지르곤 했다.

그렇게 아버지가 채독과 원인 모를 병으로 인생의 마지막을 준비하던 시점에 주님이 찾아와 주셨다. 율치교회 이기임 전도사님은 늘 유관순 누나 같은 옷을 입고 다니셨다. 흰 저고리에 검정 치마를 입고 그 험한 광산촌에서 누구도 함부로 할 수 없는 거룩한 삶을 사는 여전도사님이셨다. 그 전도사님이 우리 아버지를 전도하셨다.

아버지는 교회에 첫발을 내딛는 그 순간부터 새로운 삶을 사셨다. 건강이 회복되기 시작했고, 무엇보다 그동안 먹던 똥물과 태운 배춧잎이 아닌 죽과 쌀밥을 먹기 시작하셨다. 어머니는 그동안 다니지 못했던 교회를 다시 다니셨고, 그때쯤부터 나도 자연히 교회에 나가게 되었다.

아버지의 회심은 우리 가족 모두가 예수님을 믿는 가족이 되는 전환의 사건이었고, 외할머니의 오랜 기도에 대한 응답이기도 했다.

그러나 아버지의 성질은 변함이 없었다. 내가 친구들과 놀다가 혹여라도 교회에 빠진 날이면 어김없이 '싸대기'에 주먹이 날아왔다. 교회에 가서도 나는 언제나 다른 아이들과는 달라야 했고, 성경을 더 알아야 했고, 무엇을 하든지 늘 잘해야만 했다.

어린 시절 성탄절을 떠올릴 때면 지금도 잊히지 않는 기억이 하나 있다. 성탄절 이브 행사로 친구 몇 명과 전도사님의 지도에 따라 성극을 하게 되었다. 나는 야곱 역할을 맡아서 대사도 외우고 친구들과 맞춰보며 참 열심히 준비했다.

그런데 당일, 우리 순서가 되자 내 머릿속은 온통 지우개로 지운 듯 하얘지고 말았다. 하필 그때 아버지와 눈이 마주쳤다. 더 당황했고, 빨리 시작하라는 아버지의 눈초리에 나는 그대로 얼어버렸다. 교회를 다니기 시작하여 처음 맞이한 성탄절은 그렇게 악몽과도 같이 변하였다.

창피함을 무릅쓰고 어렵사리 공연을 마쳤으나 "집에 가서 두고 보자"라는 아버지의 말 때문에 창피함은 사라지고 두려움으로 가득했다. 그날 나는 참 많이도 맞아야만 했다.

변하지 않는 아버지의 그런 모습은 어린 나이에 자리 잡던 내 신앙 인격에 많은 영향을 주어, 나는 교회 다니는 게 너무도 싫었다. 청소년기에 접어들자 내 삶은 너무도 암울해지기 시작했다. 가정 형편이 좋지 않은 중에도 여전히 교회는 다니지만, 바뀌지 않는 아버지의 성정 때문에 나는 늘 이렇게 중얼거리곤 했다.

"예수 믿는 사람이 왜 저래…."

늘 반복되는 부모님의 싸움에 몇 번이나 어머니와 도망치듯 집을 나오면서 나는 반항적인 청소년기를 시작하게 되었다. 학교 다니는 것조차 포기하고 싶었다. 공부하는 것은 거의 사치인 것만 같았다. 그래서 중학교 3년간 늘 꼴찌에서 1,2등을 다투었다. 일부러 꼴찌 하려고 애썼던 것 같다.

아버지도 처음에는 혼을 냈지만, 언제부턴가는 반항적인 내 모습에 더 이상 관심이 없는 듯했다. 나는 노는 친구들과 어울리기 시작했고, 아버지의 피를 이어받아서인지 싸움하는 것을 좋아하게 되어 늘 시비를 걸고, 반항하고, 난폭한 성격으로 자라기 시작하였다. 참으로 이상한 것은, 그래도 여전히 주일이면 교회를 계속 다녔다는 것이다.

엄청 착하고 순진한 여학생

청소년 시절은 암울했다. 학교를 거르는 일이 자주 반복되면서 이대로 가다가는 출석 일수가 모자라서 중학교 졸업을 못 할 지경이었다. 그런 나의 청소년기에 천사처럼 다가와 준 친구가 바로 지금 내 아내가 된 박영화 사모다.

내가 유일하게 좋아했던 것이 운동과 음악이다. 중학교 1,2학년 때 연식정구라는 운동을 했는데, 학교에서 문제를 일으킨다는 이유로 운동을 계속할 수 없게 되었다. 3학년 때는 밴드부에서 클라리넷을 연주하는 데 취미를 붙였다.

당시에 나는 여학생들에게 꽤 인기가 있었다. 운동할 때는 아침에 조회를 마치고 들어오면 언제나 내 책상 위에 선물과 꽃, 그리고 여학생들이 보낸 편지들이 있었다. 운동도 좀 하고, 잘나가는 것처럼 보였는지 늘 따르는 여학생들이 많은 편이었다.

그렇게 나를 좋아해주던 여학생 중에 아내가 있었다. 중3 때 박영화라는 학생의 편지를 받았는데 처음에는 수많은 편지 중 하나로 여겨 그냥 지나쳤고 누군지 궁금하지도 않았다. 그런데 당시 1학년에서 좀 놀던 여자아이가 "오빠, 오빠 좋다고 하는 애가 있는데 완전 순둥이야"라고 하자 그 말에 호기심이 생기기 시작했다.

끼리끼리 논다고, 나 좋다는 여자아이들은 대부분 그래도 좀 놀던 애들이었는데, 엄청 착하고 순진한 애가 나를 좋아한다고 하니 갑자기 궁금해진 것이다.

그래서 약속을 정하고, 오토바이를 타고 학교 운동장에 가서 처음 아내를 만났다. 당시 그 친구는 중학교 1학년이라 이제 갓 초등학교를 졸업한 것 같은 순수한 아이였다. 말 그대로 너무도 순진하고 귀엽고 예쁜, 범접할 수 없는 착함이 그대로 묻어나는 친구여서 내 마음이 조마조마하고 말을 걸기도 어려울 정도였다.

나에게 먼저 다가와 준 건 아내였다. 지금 생각해보면 하나님께서 나를 위해 아내를 보내주신 것 같다. 교제를 시작한 후, 학교 가기를 그렇게 싫어했던 내가 여자친구인 아내를 만나려고 학교에 정을 붙이기 시작했다. '박영화'라는 친구가 내 삶으로 들어온 중3의 시간은 그렇게 학교로 내 발걸음을 이끌었다.

나는 여자친구에게 좋게 보이려고, 그리고 보다 좋은 남자친구가 되기 위해 부단히 노력했다. 너무도 착한 여자친구 덕분에 조금은 더 착하게 살아보려고 노력하면서 내 생활이 조금씩 조금씩 달라지기 시작했다.

아내는 불신자 집안에서 태어나 어린 시절에 아버지를 사고로 여의었다. 어머니가 재혼하셔서 남겨진 형제들은 할머니 손에 맡겨져 자라고 있었다. 아들이 박영화라는 친구를 만나면서 학교에 가려고 하고, 적어도 사고를 덜 치게 되었다고 생각하신 부모님은 이 친구를 정말 좋아라 하셨다.

여자친구를 집에 데리고 가서 인사시킨 이후 우리는 건전한 교제를 하였다. 나는 감히 손도 못 잡고, 떨리는 마음으로 늘 그녀를 대했다. 그래도 사고를 치던 버릇이 어디 가지는 않아서 여전히 일이 생기곤 했는데, 그럴 때면 나는 언제나 아내를 앞세워서 집에 들어가곤 했다. 그러면 부모님이 그 앞에서 나를 때리지는 않으시니까.

아내는 나와 만나면서 자연스럽게 교회에도 오게 되었다. 매주 주일마다 오지는 못했지만 그래도 교회 다니는 것을 어려워하거나 부담스러워하지는 않았다.

아버지의 눈물을 보다

내가 다니던 마차중학교(강원도 영월군)는 마차고등학교와 나란히 붙어있었다. 인문계인 마차고는 남녀공학이어서 그 학교로 진학하면 2년 후배인 아내와 계속 같이 다닐 수 있었다. 나는 그러고 싶었지만 내 학교생활을 잘 알기에 그러지 못하고, 읍내에 있는 영월공업고등학교에 진학했다.

내가 마차고등학교로 가지 않은 데는 형의 영향도 있었다. 두 살 많은 형은 늘 우등생인데다, 내가 고등학교 진학을 앞뒀을 당시에는 마차고 학생회장이었다. 그래서 선생님들이 "네 형은 안 그런데 넌 왜 그러냐"라는 말을 달고 다니셔서 나는 더욱 그 학교에 진학하지 못하고 멀리 떨어지게 된 것 같다.

그때는 서운한 심정도 없지 않았지만, 나중에 교회 건축을 하게 되고 건축선교회까지 결성한 것을 생각해보니 나를 실업계(공고)로 보내 기술을 익히도록 하신 것은 하나님의 특별한 계획이었고 보내심이었구나 싶다.

중학교도 간신히 졸업할 정도로 아무 생각 없이 살던 나였지만 고등학교 진학 후로는 조금씩 생각이 많아지기 시작했다. 그중 결정적인 변화는 아버지를 조금씩이나마 이해하게 된 것이었다.

내게 아버지는 언제나 다가가기 힘들고, 내 머리로는 전혀 이해가 안 되고, 이중인격자에다가 폭력성이 아주 강한 사람이었다. 그럼에도 교회에 가서는 아주 착한 척, 천사인 척 연기하는 것 같은 모습에 나는 늘 '저렇게 살지 말아야지, 저럴거면 교회를 뭐 하러 다니냐'라고 생각하곤 했다.

당시 나는 집안 사정이라든지 부모님이 겪고 있는 고충에는 별로 관심이 없었다. 그런데 고등학교 2학년 여름방학 중의 어느 날, 내 인생에서 전환점과 같은 큰 사건이 있었다. 아버지의 눈물을 본 것이다.

당시 아버지는 다니던 탄광을 그만두고 고추 농사를 업으로 하고 있었다. 한때는 고추 농사로 비료 포대에 다 담을 수 없을 정도로 돈을 많이 벌기도 하셨지만, 욕심이 생겨 점점 더 크게 농사를 벌이다 결국 빚에 쫓기게 되었다.

집안은 엉망진창이었다. 원래 분위기가 좋지 않은데 경제적으로도 어려워지니까 하루하루가 그야말로 폭풍 전야였다. 안 그래도 자주 싸우시던 부모님은 더 많이 치열하게 싸우셨고, 우리 형제는 더욱 두려움과 공포에 휩싸이든지 더 비뚤어지든지, 양단간에 선택해야 했다.

●

그러던 아버지가 어느 날부터인가 저녁마다 우리 가정의 위기를 놓고 기도하자고 하셔서 온 가족이 밤에 시간을 정해 교회에 가서 기도하기 시작했다. 처음에는 그것이 모두 위선같이 보여서 너무도 싫었다. 하루, 이틀, 한 달, 일 년이 지나도 변하는 건 없고 점점 더 어려워지는 것만 같았다.

어느 날, 경운기를 몰고 빚쟁이를 피해 어디론가 가시는 아버지를 우연히 보게 되었다. 혹시라도 아버지가 이상한 생각을 하시는 건 아닌가 싶었고, 어머니도 아버지 한번 따라가 보라고 말씀하신 터라 오토바이를 타고 멀찌감치 경운기 뒤를 따라가 보았다. 그런데 아버지가 산 아래에 경운기를 세워두고 어디론가 사라지셨다.

경운기 옆에 오토바이를 세워두고 아버지를 찾아 한참을 헤매고 있을 때, 어디선가 흐느껴 우는 소리가 들려왔다. 그렇게도 세고, 무섭고, 강해 보였던 아버지의 울음소리였다. 나는 심장이 멎는 것 같은 느낌이 들었다. 가슴 깊은 곳에서 뭔가 올라오는 것만 같았다. 아버지의 울음은 내게 충격이었다.

단 한 번도 가족들 앞에서 눈물을 보인 적 없던 아버지가 무릎을 꿇고 땅에 머리를 대고 한없이 울고 있었다. 아버지는 자신을 살려주신 하나님께 간절히 호소하고 있었다. 그 기도는 '나를 살려주신 하나님'을 향한 간절한 기도였다.

가만히 숨어서 아버지의 울음을 듣고 있던 나는 어느새 같이 울고 있었다. 그때 아버지가 조금은 이해가 되었고, 아버지를 이해해보려는 마음도 갖게 되었던 것 같다.

'아버지도 변하지 않는 자신의 모습을 보면서 아파하고, 달라지려고 최선을 다하고 계시는구나….'

그것은 위선도 아니고, 이중인격도 아니고, 그저 처자식과 함께 어떻게든 살아보려고 하는 아버지의 최선이었다는 생각이 들기 시작한 것이다.

아버지는 최선을 다하고 계셨다. '때로는 그것이 폭력이나, 위선이나, 이중인격을 나타내야 할 상황이었을 때라도 아버지는 그 속에서 참고, 참아내고, 더 나빠지지 않으려고 최선을 다하고 있었구나'라는 생각이 들면서 그때부터 아버지가 조금은 이해되기 시작했다.

●

아내를 만난 것도 큰 전환점이었지만, 내 인생에서 첫 번째 전환점은 고등학교 2학년이던 그해 여름방학 때였던 것 같다. 아버지의 눈물을 본 후로 삶을 대하는 태도가 달라졌고, 내 미래에 대해 건설적인 고민을 시작한 것 같다.

늘 시험 때만 되면 일부러 한 번에 몰아서 막 찍고 놀러 가기 바쁘고, 친구들과 꼴찌를 경쟁할 정도로 어리석었던 나는 고등학교 2학년 2학기부터 공부라는 것을 시작했다. 그리고 2학기 중간고사 성적은 대반전이었다. 공고 기계과 200명이 넘는 학생 중에서 처음으로 7등을 한 것이다.

선생님들이 믿지 않고, 혹시 커닝한 건 아닌지 의심하고, 심지어 혼을 내기도 하셔서 기말고사에서 그것을 다시 증명 해야만 했다. 시험 감독관 선생님의 불꽃 같은 눈동자 앞에서도 나는 다시 전교 10등 안에 드는 성적을 거두었다.

그렇게 공부를 해서 취업한 곳이 당시 대기업이던 대우중공업 옥포조선소였다. 1,2학년 때 나보다 공부를 더 잘했던 친구들도 많이 떨어졌는데, 2학년 중간과 기말고사 성적으로 면접을 보았던 나는 당당히 대기업에 합격했다. 하나님께서 나를 포기하지 않으신 것 같다. 변함없이 하나님의 사랑으로 이끌어주시고 인도해주심에 감사하다.

사실 나 교회 다녀

고등학교를 졸업하고 대학에 진학하는 대신 대우조선에 취업하면서 거제도로 내려갔다. 여전히 아내와 수년째 교제를 하고 있었고, 월급을 받으면 당시 고등학생이던 아내와 할머니, 그 동생들을 위해 매달 조금씩이나마 생활비를 보내주곤 했다. 당시에는 삐삐 호출기로 연락을 해오면 공중전화에서 전화를 걸어 통화하곤 했다.

회사에 다니면서 나는 신앙적으로 믿음이라고는 찾아볼 수 없을 정도로 해방된 삶을 살았다. 아버지를 이해했다고는 해도 신앙적으로는 믿음을 갖지 못하고 집을 떠나 독자적인 생활을 하니 마치 무거운 짐을 다 내려놓은 것만 같았다. 주일이 되면 어김없이 가야 하는 교회도 안 가도 되고, 누가 뭐라고 하는 사람도 없이 자유로운 20대를 시작했다.

그렇게 자유를 찾아 나온 것처럼 예배는 뒷전이고 어쩌다 마음에 부담이 생길 때면 근처 교회를 찾아 마치 찜찜한 마음을 달래듯이 신앙생활을 하고 있던 그때, 인생에서 두 번째 전환점을 맞게 되었다.

당시 나는 학교에서 함께 취업해서 온 친구들과 기숙사에서 생활했다. 그때 1년 넘게 같이 방을 쓰던 친구가 언제부턴가 매일 저녁, 퇴근 후에 어디론가 사라지는 것이었다. 처음

에는 담배도 피우고 술 먹고 들어오기도 해서 그런가 보다 했
는데, 반복해서 밤늦은 시간이나 새벽에 들어오니 날이 갈수
록 궁금해졌다.

그래서 하루는 왜 저녁마다 나가냐고 물어보았는데 그 친
구의 입에서 뜻밖의 대답이 나오는 것 아닌가?

"나 교회 가서 기도하고 왔어."

"그럼 매일 교회에 갔다는 거야?"

당황스러웠다. 나는 그동안 누구에게도 "나 교회 다녀"라
고 말한 적이 없었다. 교회를 다녔어도 내 삶의 모습은 친구
들에게 그저 비아냥의 대상일 뿐이었기에 나 자신이 부끄러
워서, 교회 다닌다는 말을 자신 있게 하기는커녕 어디에 입도
뻥긋할 수가 없었다.

그런데 교회를 다니지도 않던 친구가 어느 날부터 교회에
가서 기도하고 온다니 너무도 뜻밖이었다. 그래서 무슨 일 있
냐고 물어보니 그 친구는 "견딜 수 없이 괴로워서" 교회 가서
기도한다는 것이었다.

친구는 하나 있는 동생이 백혈병으로 시한부 판정을 받았
다며, 동생이 죽는다는 사실을 받아들일 수 없는 괴로움에 바
닷가에 가서 술도 마셔보고 절에도 가서 서성이다 담배만 피
우다 오곤 했는데 마음이 너무 괴로웠다고 했다.

그러던 어느 날, 옥포만 바닷가를 거닐다 우연히 상가 2층에 있는 교회를 발견했는데, 문이 열려 있어서 들어가 앉으니 한없이 눈물만 나오더라는 것이었다. 그렇게 한참을 울고 나면 마음이 조금은 풀리는 것 같아서, 누가 뭐라 하지도 않고 아무도 없는 그 교회를 밤마다 찾아가서 혼자 울다가 온다고 했다.

"그렇게라도 하니까 내가 살겠더라."

친구의 말을 듣는 순간, 머리를 망치로 맞은 듯이 멍하고 하얗게 되는 것 같은 느낌이 들었다.

사실 나도 열아홉 살에 처음으로 가족을 떠나 멀고 먼 거제도로 내려와 외롭고, 마음 한편으로는 아직 어려움에서 헤어나오지 못하고 있는 우리 집도 걱정되고 부모님도 그리워서 남몰래 이불속에서 눈물을 훔치곤 하던 나날이었다.

그런데 그 친구의 말을 듣고 나니, 어려서부터 교회 다니고 세례도 받고 예수님을 믿는다고 고백하던 내가 그것을 감추고, 믿지 않는 친구들보다 더 세속적으로 살고 있다는 것이 너무 부끄러웠다.

더 나아가, 교회를 안 다니던 그 친구보다는 그래도 뭔가 조금은 하나님을 더 아는 내가 뭘 하고 있는 건가 싶고, 내가 할 수 있는 게 아무것도 없었다는 생각에 머리가 복잡해지기 시작했다. 결국 나는 그 친구에게 고백 아닌 고백을 했다.

"사실 나, 교회 다녀."

친구는 적잖이 놀라는 눈치였다. 그도 그럴 것이 그 친구의 눈에 그동안 내 행동과 삶의 모습은 교회를 다닐 거라고는 전혀 생각되지 않았을 테니까.

나는 "내일부터 같이 그 교회에 가서 동생을 위해 함께 기도하자"라고 제안했고, 친구도 흔쾌히 동의했다. 그렇게 해서 거제도 옥포 해안가의 작은 상가 2층에 있는 교회는 내가 스스로 그 친구와 함께 첫발을 디딘 교회가 되었다. 그리고 누가 시켜서가 아니라 자발적으로 하나님 앞에 나아가는 신앙생활이 시작되었다.

우리는 매일 저녁에 가서 함께 기도했다. 어려서부터 교회를 다녔던 나는 머리로는 성경과 기도에 대해 적어도 그 친구보다는 잘 알고 있었던 터라 나름 기도도 가르쳐주고, 성경도 같이 읽었다.

그러다 만난 그 교회 담임목사님이 우리를 구역에 편성해 주신 덕분에 구역모임에도 함께하게 되었다. 구역장 집사님과 함께 구역예배도 드리고, 매주 주일성수도 하면서 점차 신앙이 자라나게 되었다.

●

몇 달이 흘렀다. 친구의 동생이 기적적으로 낫는 일은 일어나지 않았다. 동생은 결국 생을 마감했지만, 친구는 이제 동생의 죽음을 담담히 맞을 수 있었다. 그 죽음은 끝이 아니고 천국에서 다시 만날 수 있다는 소망이 생겼기 때문이다.

사실 친구는 동생이 시한부 판정을 받는 순간부터 죽음을 알고 있었다. 하지만 동생을 떠나보낼 준비를 하지 못하고 있던 그에게 그 몇 달은 하나님이 특별히 주신 시간인 것 같았다. 그 시간은 부활의 신앙을 갖기에 충분했고, 하나님은 그에게 이겨낼 힘을 주셨다.

어쩌면 아픈 기억이 될 수밖에 없는 일이지만 그 일을 통해서 친구는 신앙을 갖게 되었고, 나는 신앙을 회복하게 되었다. 그 일은 20대 초반의 내 인생에서 인격적으로 주님을 만나는 큰 전환점이 되는 사건이었다.

목회의
길로

2

달콤살벌한 신혼생활

대우조선에서 근무하며 꽤 많은 급여를 받아 부모님에게 보내어 가정에 보탬을 하던 중에 잠시 노동조합 일에 관여하게 되었다. 어린 마음에 노동자를 위해 뭔가 해야겠다는 불타는 사명감으로 노동조합 파업 현장에 나섰고, 그 바람에 입사 동기들은 다 받는 군 특례를 못 받고 군에 입대하게 되었다.

2년 2개월의 군 생활은 너무도 길고 험난했다. 입대하자마자 양구 신병교육대에서 무리한 훈련 도중, 사고로 허리를 다쳐서 약 1년간 군 병원에 입원하여 요양해야 했다.

군의관은 수술하고 의병제대를 하라고 권했지만, 당시에는 "군에서 수술하면 마루타"라며, 잘못하면 휠체어를 타야 한다는 소문이 있어서 수술은 하지 않은 채 치료를 받으며 군 생활을 마쳤다.

제대 후 오랜 교제의 열매로 바로 결혼하기로 하였다. 그동안 교제하면서 쌓아온 신뢰가 서로의 약속이 되었다. 너무도 친숙하고 편해진 우리 둘은 이렇다 할 프러포즈도 없이 "서로 신뢰만 지키자"라는 말과 함께 부부가 되었다.

양가 어르신들은 우리가 오랫동안 교제한 사실을 이미 알고 계신 데다가 서로의 자식처럼 여기시는 터라 결혼에는 당연히 이견이 없으셨고, "서로 믿고 의지해라"라는 말씀만 하시고 결혼이라는 당연한 결과에 감사해하셨다.

결혼을 앞두고 깊이 고민한 것이 바로 복직이었다. 거제도로 내려가서 복직할 것인가, 아니면 고향 영월에서 부모님과 함께 지내며 다른 일을 찾아볼 것인가.

결국 결혼하고 부모님 댁에서 신혼살림을 차렸다. 하나님의 은혜로 부모님의 집은 경제적으로 다시 회복되었고, 그동안 벌어서 보내드린 돈으로 집도 새로 짓게 되었으며, 나 또한 아버지를 이해하는 마음이 이제는 무언가 함께 일을 할 수 있을 정도로 발전했기 때문이다.

나와 교제하면서 신앙을 갖게 된 아내는 학습과 세례를 받았고, 이제 믿음의 가정을 이루는 축복을 받게 되었다. 하지만 연애와 결혼의 차이를 증명이라도 하듯, 믿음의 가정이라고는 하나 신혼 초기에는 다툼의 나날이었다.

이에 한몫을 한 것은 나의 혈기였다. 사실 아버지에게 물려받은 것 중 대표적인 게 성질머리 아니겠는가! 그 소문이라도 났는지, 결혼을 앞두고 주례를 해주실 목사님이 선물로 주신 말씀 구절이 바로 "이것까지 참으라"(눅 22:51)였다. 그 말씀은 액자에 담겨 지금도 사택 거실 한편에 달려 있다.

20대 초반에 인격적으로 예수님을 만났다고는 하지만 그 성질 그대로 살아오던 나였기에(아직도 그 부분은 참으로 약하다) 신혼 시절에도 아내가 성질 하나는 최고인 나를 무서워한 적이 종종 있었다.

그래서 신혼생활이 그리 평온치는 않았지만 그나마 서로 신뢰하고 오랜 시간 교제하며 쌓아둔 정이 있었기에 부르심을 받기 전까지의 결혼생활을 잘 유지해온 듯하다.

그렇게 믿음의 가정으로 순탄하게 새 출발을 한 우리 가정은 하나님의 은혜와 넘치는 복으로 2000년 새해를 시작했고, 금세 두 아이를 얻었다. 2000년에 첫째 딸 솔이가 태어나고, 이듬해 연년생으로 아들 병권이를 얻었다.

2000년에 하나님께서 얼마나 많은 은혜를 주셨는지 지금도 생각해보면 참으로 놀랍고 감사하다. 당시 우리 가정은 부모님과 함께 대농을 꿈꾸며 배추와 무를 주 업종으로 삼아 고랭지 농사를 짓고 장사도 했다.

많은 땅을 구입해 고랭지 배추를 심어 기르고, 고랭지 산지를 다니며 배추와 무를 계약해서 서울 가락 시장에 출하하여 경매를 통해 수입을 얻는 중간도매상 일도 병행했다. 물질적으로 하나님이 복을 주셔서 큰돈을 만질 수 있었으나, 그러자 곧 시험과 연단이 찾아왔다.

2002년 월드컵으로 전 세계가 축구의 열기로 뜨거울 때 우리는 욕심과 자만으로 가득 차서 점점 더 일을 벌이고 있었다. 1-2천 평 하던 일을 10-20만 평까지 벌였고, 동업을 통해 점점 더 일도 늘었다. 그러나 그와 함께 빚도 늘어갔다.

할 수 있는 것은 반복되는 일상 속에 또다시 하나님께 엎드려 기도하는 일뿐이었다. 고정적인 수입이 없어지자 생계를 잇기 위해 아내가 일을 시작했다. 나 또한 이대로는 안 될 것 같아서 가지고 있는 자격증을 이용해 중소기업에 입사하여 품질관리 실장으로 회사에 다니기 시작했다.

어려운 생활이 근근이 이어져 갔다. 불안함이 마음속에 깔려 있었지만 그나마 아이들이 건강히 잘 자라고 있는 것이 위안이 되었고, 하나님이 언젠가는 회복시켜주실 것이라는 기대와 소망으로 살고 있었다.

건강의 위기로 찾아온 부르심

솔이와 병권이가 태어난 후로 우리 부부는 각자 일을 하며 아이들을 키웠다. 참 힘든 시기도 있었고, 물질적인 어려움도 있었지만 주어진 일에 최선을 다하며 살고 있었다. 교회에서도 나는 서리집사 직분을 받고 주일학교 교사와 찬양팀 리더로서 주어진 사역들을 감당했다.

그러는 중에 아버지가 하시는 농사일과 벌여놓은 일들이 잘 안되기 시작하면서 부모님 집과 우리 가정에 위기가 찾아왔다. 늘 신경 쓰고 고민하다 보니 스트레스가 이만저만이 아니었다. 애간장이 탄다는 말이 매일의 삶이 되었다. 건강 하나는 자신 있었는데 어느 날부터인가 장이 끊어질 것같이 아프기 시작했다.

조금만 신경을 써도 어김없이 장이 끊어질 것 같은 통증이 찾아왔고, 그렇게 시작되어 화장실에 가면 혈변이 쏟아졌다. 8년 정도 버티기를 반복하다가 정말 이러다 죽을 수도 있겠다는 생각이 들 만큼 건강의 위기가 찾아왔다. 가정의 위기는 곧 아이들의 어려움으로 이어졌다. 단 한 번도 좋은 학원이나 과외 같은 것은 생각하지 못할 정도였다.

돌이켜 보면 그때부터 하나님께서 나를 사용하려고 부르셨는데 나는 그 부르심에 민감하게 반응하지 못한 것 같다.

곧 쓰러질 것 같은 위기에도 하나님의 은혜와 만져주심을 기대하며 줄곧 찬양 인도와 교회 사역에 더욱 열심을 내었다.

경제적 위기, 건강의 위기 속에서 하나님의 부르심을 눈치채지 못하고, 그저 주어진 환경에서 최선을 다하다 보면 언젠가는 하나님이 회복시키실 것이라는 막연한 믿음으로 하루하루를 버티며 살았던 것 같다. 어릴 적 그 어려움 속에서 아버지의 울부짖음을 듣고 회복시키셨던 그 하나님이 이 고난 또한 지나게 하실 것이라 믿고 싶었다.

2008년 초겨울, 결국 서울삼성병원에서 장 절제술을 해야 한다는 진단을 받기에 이르렀다. 출혈량이 많아서 몇 번이고 수혈을 받아야 했고, 빈혈과 체중감소로 도저히 서 있을 수도 없을 정도여서 수술만이 대안이라 생각하고 기도하며 준비하고 있었다. 그런데 그때 내 인생 절체절명의 위기에 세 번째 전환점이 찾아왔다.

나는 오늘 죽었다

수술을 받기로 하고 수술 날짜를 조율하던 중에 섬기던 교회의 담임목사님이 부산에서 개최하는 한 콘퍼런스에 참여하자는 권유를 해오셨다.

당시 나는 수술을 앞둔 데다 지칠 대로 지쳐있던 터라 3박 4일의 집회에 참석하는 것이 엄두가 나지 않았다. 화장실에 가서 앉으면 변기가 온통 피바다로 변할 정도로 피를 쏟아내는 상황이어서 너무도 무모한 일이었다.

그러나 기도하는 간절한 마음으로 아내와 함께 참석하기로 했다. 어쩌면 하나님께 '이 고통을 끝내게 해주세요'라고 그토록 간구하던 기도의 마지막을 드리고 싶은 마음에 죽을 각오를 했던 것 같다.

수만 명이 모인 콘퍼런스는 은혜로 충만했다. 그러나 시시때때로 찾아오는 복통으로 힘든 시간도 있었고, 특히 많은 사람이 함께 이용하는 화장실에서 볼일을 보는 것은 걱정 반, 두려움 반에 창피함까지 얹히는 일이었다. 내 뒤에 볼일을 보러 들어가는 사람이 놀랄까 봐 변기에 가득한 피를 화장지로 닦고 또 닦기를 반복하며 3박 4일을 지내야만 했다.

수만 명이 모인 그곳은 찬양과 기도와 성령의 임재로 뜨거웠기 때문에 마치 성령의 만지심을 경험하는 것 같은 기분이 들기도 하였다. 그러던 중 문득 '저기 있는 강사 목사님께 안수기도를 받으면 이 병이 고쳐질까? 이렇게 많은 사람이 다들 안수기도를 받고 싶어 할 텐데 나 같은 사람에게도 기도해주실까?'라는 생각이 들며 꼭 한번 기도를 받고 싶은 마음이 간절했다.

앞으로 뛰쳐나가서 수만 명 중에 무릎이라도 꿇어서 기도를 받고 싶었지만 그럴 용기를 내지 못했다. 그런 나를 하나님은 집회의 마지막 날 저녁에 말씀으로 먼저 만나주셨다.

> 내가 그리스도와 함께 십자가에 못 박혔나니 그런즉 이제는 내가 사는 것이 아니요 오직 내 안에 그리스도께서 사시는 것이라 이제 내가 육체 가운데 사는 것은 나를 사랑하사 나를 위하여 자기 자신을 버리신 하나님의 아들을 믿는 믿음 안에서 사는 것이라 갈 2:20

이 말씀이 뇌리에서 떠나지 않았다. 저녁 말씀을 마치고 수만 명이 합심하여 부르짖던 그때 하나님께서 이 말씀을 내게 주셨고, 나는 "나는 오늘 죽었다. 나는 오늘 죽었다…"라며 이 말을 계속 되뇌었다.

나는 오늘 죽고 내 안에 그리스도 예수께서 사시는 은혜, 나를 위하여 자기 자신을 버리신 하나님의 아들 예수 그리스도를 믿는 믿음 안에서 나는 다시 태어난 것이다. 내 삶의 방향이 다시금 정립되는 느낌이 들었다. '주를 위하여 살아야지. 오늘 내가 죽었으니까 하나님이 기회를 주신다면 주님만 위하여 사는 믿음으로 살아야지'라고 결단했다.

치유의 기적

간절하면 이루어지는 것일까? 집회가 다 마치고 함께 갔던 담임목사님과 장로님, 성도님들과 다 같이 단체 사진을 찍고, 집으로 돌아오려고 출발하려는데 누군가 "우리, 강사 목사님 교회를 한번 탐방하고 가면 어때? 최기수 집사님(이) 기도라도 받고 가면 좋겠다"라고 말했다.

벡스코에서 교회까지 그리 가까운 거리는 아닌 듯했다. 3박 4일 집회 마치고 피곤한데 굳이 왜 가냐고 할 수도 있을 텐데 다들 좋다고 하셔서 우리 일행은 그 교회를 방문하게 되었다. 나는 한편으로는 고마우면서도 너무 지치고 힘들어서 그냥 돌아가고만 싶었다. 오후인 데다 비까지 주룩주룩 내리고 있어서 지금 바로 출발해도 집에는 밤이 늦어서야 도착하겠다는 계산만 하고 있었다.

그렇게 강사 목사님의 교회로 가서 동산 위에 서 있는 세 개의 십자가 앞에서 기념촬영을 하고 합심해서 짧게 기도했다. 그리고 돌아가려는데 그때 기적이 일어났다. 누군가 "어, 저기 강사 목사님 아니셔?" 해서 뒤돌아보니 강사 목사님이 뚜벅뚜벅 우리 쪽으로 걸어 내려오시는 것이 아닌가!

우리는 강사 목사님과 약속을 잡을 상황도 아니었고 그 분이 교회에 계신지 외부에 계신지도 몰랐다. 더욱이 비도 오고

있어서 수행원이 차로 모시고 다닐 상황인데, 조금 전까지만
해도 수만 명의 군중 사이에서 얼굴도 제대로 볼 수 없이 먼
거리에 계시던, 그래서 그저 바라만 보던 그 목사님이 우리를
향해 가까이 내려오시는 것이었다.

얼른 담임목사님이 뛰어가서 인사하시고는, 우리 교회에
수술을 앞둔 젊은 집사님이 있는데 한 번만 안수기도를 해주
시면 안 되겠냐고 정중히 부탁을 드렸다. 강사 목사님이 흔쾌
히 허락하셨고, 나는 그 목사님 앞에 무릎 꿇고 기도를 받고
싶었던 소원대로 젖은 땅에 무릎을 꿇고 기도를 받았다.

그 기도는 너무도 간절했다. 기도해주시는 목사님도 간절
히 기도하셨지만, 기도를 받는 나와 아내, 같이 간 모든 성도
님 또한 간절한 마음으로 함께 기도했다.

여호와의 눈은 온 땅을 두루 감찰하사 전심으로 자기에게 향하는 자
들을 위하여 능력을 베푸시나니 대하 16:9

기도를 받는 동안 너무도 간절하여, 주체할 수 없이 눈물
이 났다. 솔이와 병권이 얼굴도 스치듯 지나가고, 이번에 고
침 받지 않으면 수술대 위에서 대장을 절제해야 하는 상황이
너무도 두려웠다. 그런데 하나님이 그 소원을 이루게 하셨다.

고침을 받고 나음을 받고자 하는 그 소원을, 그분의 기쁘신 뜻을 위해 하나님이 행하여주셨다.

　돌아오는 차 안에서 우리 일행은 다들 이런 기적이 어디 있냐고 놀라워하며, 반드시 하나님이 고쳐주시리라는 확신으로 가득 차 있었다. 이미 나는 고침을 받은 것만 같은 상황이었다. 기도를 마치고 돌아오는 내내 마음이 평안했다. 담대함이 생겼고, 수술을 하든 안 하든 하나님이 주시는 평안으로 불안이 사라지는 것만 같았다.

　그런데 그렇게 돌아와서 몇 날이 지나는 동안, 하루에도 화장실을 열몇 번씩 가던 일이 점차 줄어드는 것이 아닌가! 하루에 두 번으로, 한 번으로 줄더니 혈변이 보이지 않기 시작했다. 수술 날짜를 잡으려고 예약한 날에 병원을 찾아 마지막으로 검사를 한 결과, 우리 부부는 하나님의 일하심에 그저 눈물밖에 나오지 않았다. 담당 선생님이 이렇게 물으셨다.

　"그동안 무슨 일이 있었길래? 뭐 좋은 거 드셨어요? 이 정도면 수술 안 하고 지켜봐도 될 것 같은데?"

　할렐루야! 하나님의 놀라운 기적에 온몸이 떨리기 시작했다.

　"정말요? 수술을 안 해도 되나요?"

　"네. 지난번 사진과 비교해 보세요."

　선생님이 이전과 이후의 사진을 나란히 놓고 보여주며, 찢어지고 헐고 파였던 대장의 상처들이 아물고, 다시 혈관이 보일 정도로 깨끗해졌다고 하시는데, 의학적으로 무지한 내가 보아도 많이 호전된 것을 한눈에 확인할 수가 있었다.

하나님의 역사하심은 놀라울 뿐이었다. 다른 것은 아무것도 한 것이 없다. 그저 간절한 마음으로 고쳐달라고, 고쳐주시면 하나님의 일을 하겠다고, 주님을 위해 살겠다고 다짐하고 매달린 것뿐이었다. 그런데 살아계신 하나님께서 우리 모두의 기도에 응답하시고, 그분의 기쁘신 뜻을 위해 역사해주신 것이다.

그리고 지금까지 나는 수술을 하지 않았다. 아직 장의 연약함은 남아 있지만, 찢어진 내 상처를 하나님은 완전하고 깨끗하게 싸매주셨다. 하나님은 이 모양 저 모양으로 나를 너무도 사랑하고 계신다. 할렐루야!

신학교에 가야 할까요?

수술을 안 해도 된다는 판정을 받고 나는 더욱 주님을 위해 헌신하겠다는 마음으로 담임목사님과 함께 중국 S지역으로 단기선교를 가게 되었다. 담임목사님은 당시 중국에 사역자를 세우는 북방신학교 선교사님들과 연합해, 강의도 하시고 사역자를 세우는 일도 감당하셨는데, 그 일에 당시 찬양팀 리더였던 나도 함께하게 되었다.

함께 간 일행과 중국 삼자교회인 Y교회에서 모여 가정교회들을 다니며 공안의 눈을 피해 집회를 하고, 성경을 가르쳤다. 나 또한 나를 고쳐주신 하나님을 간증하는 시간도 가졌다.

그 지역에는 조선족보다는 한족이 많았는데, 교회 가까운 곳에 대학교가 있었다. Y교회의 연로하신 여자 목사님, 북방신학교에 계신 한 선교사님과 중국 사역을 위해 대화하던 중에 한족 대학생들을 상대로 찬양집회를 하면 어떻겠냐는 제안을 받았다.

담임목사님과 나는 준비해보겠다고 하고 또 하나의 기도 제목을 가지고 귀국했다. 2008년 여름 사역으로 중국 단기선교를 계획하고, Y교회를 거점으로 한족 대학생들과 함께 대규모 찬양집회를 열기로 했다.

우리 찬양팀은 이 일의 비전을 품고 기도하며 준비하기 시작했다. 매일 저녁 기도회와 찬양 연습으로 뜨거웠다. 찬양을 중국어로 번역해 연습했다. 당시 회복 중이던 나는 더욱 성령으로 충만함을 기도하며, 함께 중국 땅에 복음의 씨앗을 다시심을 위대한 꿈을 품고 열심히 준비했다.

하지만 하나님의 계획은 우리 생각과 달랐다. 팀원들이 모두 여권과 항공권을 준비하고, 악기를 수송할 하드케이스를 나무로 제작하는 등 막바지 준비에 박차를 가하고 있을 때 중국 선교사님에게서 뜻밖의 연락을 받게 되었다. "지금 중국 내 선교사님들이 모두 추방당하고 있고, 가정교회 목사님들이 모두 공안에 잡혀갔다"라는 소식이었다. 그 선교사님마저 우리에게 연락을 취한 뒤에 공안에 잡혀갔다는 소식이 들렸다.

그해는 2008 베이징 올림픽이 열리는 해였다. 중국 공산당이 기독교 문화가 들어오는 것을 경계하여 올림픽 기간 동안 봉쇄를 한 것이었다. 8월 여름 사역으로 준비하던 것들이 모두 물거품이 되어버렸다. 전면 취소를 결정하고 모두들 아쉬워하고 있었다.

나는 어차피 회사에 일주일 휴가를 내놓은 상황이라서 "그럼 기도원이라도 가서 기도하고 옵시다"라고 제안했다. 모두들 흔쾌히 동의하여 아내와 함께, 그리고 휴가를 내놓은 팀원들, 목사님과 함께 흰돌산 기도원에 가기로 했다.

그때쯤 내 마음은 나는 이미 죽었다는 것과 그런 나를 하나님이 부르시면 언제든지 주를 위해 살겠다는 고백으로 가득했다. 그러한 마음으로 중국 단기선교를 준비했고, '주님이 부르시면 순종하겠습니다'라는 마음으로 흰돌산 기도원을 향한 것이다.

그리고 그 무렵부터 아내에게 "여보, 나 신학교 갈까?"라는 질문을 하기 시작한 것 같다. 주위의 집사님들도 종종 "집사님은 목사님 되어야 하는 것 아니에요?"라고 물어오곤 했다. 그래서 '신학교에 가야 하나?'라는 질문과 함께, 이왕이면 기도원에 가서 기도할 때, 하나님이 부르셨으면 구체적으로 확신을 얻도록 보여달라는 기도 제목을 가지고 갔다.

당시에 회사에서 품질관리 실장과 영업을 담당하고 있었는데, 직장에 사표를 내고 신학교에 가고 싶은 생각이 있다고 사장님에게 몇 번 말씀드리기는 했으나 회사 사정상 안 된다고 하여, 휴가도 간신히 얻어놓은 상황이었다.

확실한 응답, 캄캄한 눈앞

2008년 8월 마지막 주, 나는 아내와 함께 흰돌산 기도원에서 열린 직분자 세미나에 참석했다. 분명하고 확실한 기도 제목을 가지고 올라간 터라 나는 하나님의 구체적인 응답을 구하며 기도했다.

"하나님! 저를 부르시고, 저를 사용하시기 원하시면 제게 확실한 응답을 보여주세요. 지금으로서는 도저히 신학교에 갈 용기도 나지 않고, 상황이 허락하지도 않습니다."

그렇게 기도를 마칠 때쯤, 마치 가나안 정복을 앞둔 여호수아에게 하나님께서 격려하며 말씀하시듯 여호수아서 1장 9절 말씀이 떠오르게 하셨다.

내가 네게 명령한 것이 아니냐 강하고 담대하라 두려워하지 말며 놀라지 말라 네가 어디로 가든지 네 하나님 여호와가 너와 함께하느니라 하시니라

하나님께서 약속하신 말씀에 담대히 나아갔던 여호수아를 떠올리면서 '이 말씀을 곧 나에게 주신 약속의 말씀으로 붙잡고 담대히 나아가야겠다'라고 결심하고 기도원에서 내려왔다. 그리고 아내에게 "여보, 나 회사에 사표 내고 준비해서 내년에 신학교에 갈 거야"라고 선포했다. 그러나 아내는 사모님들의 고충을 어느 정도 알고 있는 터라 자기는 자신 없다고 말했다.

그런데 휴가를 마치고 회사에 출근했는데 세상에, 이런 일이! 8월 말일 자로 회사가 최종부도 처리된 것이었다. 그렇게 잘나가던 회사가 부도라니? 경쟁업체의 이사를 통해 연락받았는데 듣고도 무슨 일인지 영문을 알 수 없었다. 확인해보니 어음을 막지 못해 1차 부도를 맞았는데, 돌아오는 어음도 막

을 길이 없다는 것이었다.

그렇게 회사가 부도나면서 내게는 사표 쓸 일도 없이 자연스럽게 신학교에 들어갈 대로가 열렸다. 하나님은 내가 기도한 대로, 가장 구체적으로 가장 확실히 응답해주셨다. 이것은 이전의 최기수의 인생에 주어진 세 가지 전환점을 넘어선, 하나님의 종 최기수에게 일어난 첫 번째 기적이었다.

회사가 정리되었으니 나는 이제 준비해서 신학교에 가는 일만 남았지만, 아내는 앞이 캄캄했을 것이다. 초등학생 두 아이를 돌보며 매일 직장에 나가서 일하는 것만으로도 힘든데 이제 남편은 회사에 부도가 나서 신학교에 간다고 하지, 신학 공부가 1,2년이면 끝나는 것도 아니고 무려 10년을 뒷바라지해야 하니 감당할 엄두가 나지 않았을 것이다.

누구도 핑계 대거나 토를 달 수 없는 가장 확실한 기도 응답이었기에 거부할 수 없는 현실로 인정은 했으나 받아들이기는 정말 쉽지 않았을 것이다. 하지만 그녀의 성품이 그러하듯이 크게 대항하지 않고, 하나님이 부르셨다면 가야 하지 않겠냐며 눈시울을 붉히는데 참 고맙기도 했고, 그런 마음을 허락하신 하나님께 감사가 되었다.

훗날 아내는 그때 흰돌산 기도원에서 강한 부정으로 "하나님, 저는 못 해요"라고 기도했지만, 그동안 우리에게 보여주신 하나님의 놀라운 일들을 자신 역시 함께 보았기 때문에 하나님의 주권적 섭리를 인정하고 순종의 훈련을 시작하게 되었다고 고백했다.

초등학생이었던 두 아이 역시 앞으로 닥쳐올 어려움은 생각하지 못한 채, 그저 아빠가 하신다고 하니까 순순히 따라와 주었다.

CHAPTER

광야
신학교

3

늦깎이 신학생

2008년 9월부터 신학교에 입학하기 위해 본격적으로 준비하였다. 원주 교육청에서 대학수학능력시험 접수를 하고 십몇 년 만에 다시 수능 공부를 시작했다. 신학대학을 목표로 하는 만큼 성경 공부를 겸한 것은 물론이고, 맡고 있던 찬양인도 사역과 교사 사역에도 더욱 집중하며 시험을 준비했다.

수능과 학교 지원 등 입시 과정을 치르고, 다음 해인 2009년 3월에 33세의 늦은 나이로 칼빈대학교 신학부에 입학하게 되었다. 다니던 회사가 부도난 후 노동부에서 퇴직금 보상을 받은 돈으로 등록금을 냈다.

늦은 나이에 공부하는 것은 결코 쉬운 일이 아니었다. 무엇보다 가정의 모든 문제와 아이들을 전적으로 아내에게 맡기고 훌쩍 공부하러 떠나야 하니 미안한 마음이 컸다.

우리 가정도 본가도 형편이 나아진 건 하나도 없는데 앞으로도 그 어떤 계획도, 미래에 대한 보장도 없는 상태에서 가정을 버리듯 무작정 신학교에 입학하는 것은 하나님의 주권적인 부르심이 아니고서는 도저히 이해가 안 되는 일인 것 같았다.

막상 입학은 했지만, 삶의 문제에서 발걸음을 옮기는 것은 너무도 힘들었다. 아이들이 눈에 아른거리고, 약국에서 온종일 서서 일하는 아내를 생각하면 너무도 안쓰러웠다.

그리고 나도 건강이 아직 완전히 회복되지 않아서 학교생활도 그리 쉽지는 않았다. 하나님이 치유해주셨지만, 바닥으로 떨어져 있던 체력은 잘 회복되지 않고 있었다. 그런 나를 보시고 담임목사님은 "체력이 곧 영력(靈力)"이라면서 1년간 휴학하고 체력을 보충해서 다시 복학하는 것이 어떻겠냐고 말씀하셨다.

무언가 결단이 필요했다. 바닥난 체력으로 무리를 하다간 아무것도 안 될 것 같다는 결론에 이르렀다. 그래서 입학한 지 한 달 만에 휴학을 결정하고 집에 내려와 쉬며 기도의 시간을 가졌다. 하루의 삶이 단순해졌다. 그저 집안일을 돕고, 아내의 출근과 아이들의 등하교를 전담하고, 말씀을 읽고 기도하는 훈련을 해나가며 체력을 회복하는 데 힘썼다.

때때로 삶의 필요에 따라 '무슨 일이라도 해야 하는 것 아닌가?' 하는 생각이 들고 눈치가 보일 때쯤이면 하루라도 빨리 시간이 지나가길 바라는 마음뿐이었다. 일하기도 힘들고 안 하자니 어렵고, 그런 두 갈림길에서 나는 이러지도 저러지도 못하는 모습으로 1년을 보내야 했다.

하나님, 왜 저를 방치하십니까

2010년, 신학교에 복학했다. 1년을 집에서 보내다 보니 현실에 안주하는 모습도 나타나고, 하나님의 부르심과 소명을 흐릿하게 하려는 유혹과 시험도 찾아오곤 했다. 그러나 말씀과 기도로 무장된 군사처럼 체력이 회복되자 영적인 갈급함으로 복학하는 날만 기다리며 준비했던 것 같다.

그해부터는 섬기던 교회에서 중고등부 사역과 찬양 인도 사역을 계속해서 이어가는 것은 물론, 교육전도사로서 사역도 시작하게 되었다. 그러나 얼마 지나지 않아 한계가 드러나기 시작했다.

집에서 체력을 보충하는 동안에는 아내가 직장에서 받아오는 100여만 원으로 넉넉하지는 않아도 그런대로 네 가족이 근근이 살아갈 수 있었다. 하지만 복학하고 나니 필요경비가 늘어났다. 우선 타고 다닐 차가 필요했고(차는 다행히 교회에서 교회 승합차를 지원해주셨다), 학교와 집을 왕복할 교통비와 학비, 기숙사비, 생활비 등 돈이 필요한 곳이 많았다.

우리 가족의 수입원은 아내의 월급 100여만 원과 내가 받아오는 교육전도사 사례비 50만 원이 전부였다. 매일 매일, 한 학기 한 학기가 너무도 위태로웠다. 집안의 가장으로서 적어도 살아갈 생활비는 아내에게 주고 와야 할 텐데, 내가 생활비를 주기는커녕 서로 돈 있냐고 눈빛으로 물어보는 상황이 너무 힘들었다.

1년, 2년, 3년…. 늘어가는 건 학비를 빌리느라 생긴 빚뿐이었다. 여기서 빌리고 저기서 빌리고, 그러다 못 갚아서 욕먹고 손가락질당하는 게 일이었다. 학교에서는 매 학기 제적 통보가 날아왔다. 학비를 제때 못 내니 매번 출석부에 이름이 올라오지 않아서 수업마다 교수님께 등록을 아직 못했다고 일일이 말씀드리고 출석 체크를 해야 했다. 늦깎이 신학생으로서 너무도 창피하고 힘들었다.

기숙사비를 못 내서 차에서 자는 날이 많았고, 어린 동기생 동생들 방을 기웃거리며 신세를 지기 일쑤였다. 동생들 틈에서 기숙사 청소, 화장실 청소, 사생회, 총학생회 간부를 마치 생존을 위한 경쟁이라도 하듯이 했던 것 같다.

그때마다 나를 더욱 힘들게 하는 건 상한 마음이었다. 매일 기도굴에 가서 기도했는데 "하나님, 왜?! 저를 방치하십니까?"라는, 하나님의 부재에 대한 울부짖음으로 가득했다.

포기하고 싶었다. 다 그만두고 당장이라도 일을 해서 돈을 벌어 빚도 갚고 우리 애들 먹고 싶은 것도 사 먹이고, 학원이라도 하나 보내고 싶었다.

사람들의 시선은 조롱하는 것만 같았다. 불신 집안인 처가 식구들은 고생만 하는 아내를 위로하기보다는 모든 것이 나로 인해 벌어진 일이라고 비난하며 내게 책임을 묻곤 했다. 그때마다 내가 힘든 건 얼마든지 견디겠지만 사랑하는 아내와 솔이와 병권이가 겪는 괴로움은 너무도 견딜 수 없는 고통으로 다가왔다.

나는 버티고 버티고 또 버텼다.

"하나님 한 번도 나를 실망시킨 적 없으시고, 언제나 공평과 은혜로 나를 지키셨네"

울며 찬양했다. 어려울 때마다 눈물로 이 찬양을 부르며 아내와 함께 손잡고 기도했다.

"신실하신 하나님이 반드시 나를 떠나지 않으시고, 버리지 않으시고, 약속하신 대로 그 약속을 지키셔서 함께하시는 은혜를 보게 해주옵소서!"

하루에도 몇 번씩 포기하고 싶은 생각이 들었지만 하나님은 언제나 "내가 너와 함께하고 있단다. 내가 너를 놓지 않았단다"라고 말씀하시는 것 같았기에 척박한 광야 같은 삶 가운데서도 버틸 수 있었다.

뒤틀리는 관계들

2학년 2학기에는 9월에 시작하는 2학기 등록을 종강이 다가올 때까지도 못 하고 있었다. 최종적인 제적 통보를 받고도 기한 내에 입금하지 못하자 교무처 직원이 전화해서 "전도사님, 내일까지 등록금을 안 내시면 이제는 제적 처분을 해야 할 것 같습니다"라고 했다.

찾아가서 사정해도 소용이 없었다. 자신들의 손을 떠났다며, 교무처장님이 결재만 하시면 더는 학기를 진행할 수 없다는 것이었다. 교무처장님께 사정하면 며칠이라도 기한이 연기될 수 있느냐고 물었더니 "탁구장에 교무처장님이 계시는데 한번 여쭤보세요"라고 했다.

그날, 12월 그 추운 저녁에 나는 지하 탁구장 앞에서 3시간을 떨며 기다려야 했다. 불러도 대답 없는 교무처장님이 너무도 야속하기만 했다. 밤이 돼서야 교수님들과 탁구 시합을 끝내고 나오시는 교무처장 교수님에게 달려가 그야말로 소맷자락을 부여잡고 다시금 사정했다. 온몸은 얼어붙었고 눈에서는 뜨거운 눈물이 흘러내렸다.

"교수님, 며칠만 기회를 주십시오. 다음 주 안에는 꼭 등록하겠습니다."

교수님은 다음 주가 종강인데 무슨 말을 하냐며 면박을 주셨다. 화도 나고, 억울하기도 하고, 창피하기도 했지만 그래도 1주일이 안 되면 며칠만이라도 시간을 달라고 사정했다. 다음 주 수요일까지 등록금을 안 내면 더는 찾아오지 말라는 허락을 받아내고 돌아오는데 하염없이 눈물만 흘렀다.

3일을 벌긴 했어도 이번엔 또 어디서 구할지, 누구에게 부탁해야 할지 막막하고 머릿속이 복잡했다. 아내에게 전화를 걸어 물어볼까도 하였으나 힘들게 일하며 애들과 살림살이해 나가는 아내에게 이런 말을 하는 것 자체가 무리였다.

결국 한 권사님께 간곡히 부탁을 드렸다. 종강하면 장학금을 받아서 드리겠다고 했으나 여기저기 지출할 곳이 많은 상황에서 그 약속을 지키기란 쉬운 일이 아니었다. 약속한 날짜보다 한참이 지난 후에야 근로장학금과 여기저기 융통한 돈으로 갚을 수는 있었지만, 그 이후로 교육전도사인 나와 권사님의 관계는 서먹서먹해지고 말았다.

교육전도사 사역도 위기를 맞았다. 교회에서 제공해주신 12인승 승합차 덕분에 주중에는 학교에 가서 공부하고 주말에 내려와 사역할 수 있었지만, 언제부턴가 그것이 내 어깨 위에 놓인 큰 짐처럼 느껴졌다. 좋았던 관계들도 틀어지기 시작하면서, 정말 쥐구멍이라도 있으면 들어가고 싶은 심정의 연속이었다.

'내가 이렇게 힘들고, 돈 때문에 손가락질받고, 어려움에 전전긍긍하는데 어떻게 앞에 서서 '할렐루야! 하나님은 살아 계십니다!'라고 찬양 인도를 하며, 우리 중고등부 아이들에게 무엇을 가르치고 설교할 수 있단 말인가?'

여전히 하나님은 나를 보고 계신다

그날은 주일 오후 사역을 다 마치고 집에 돌아오니 9시가 넘어 있었다. 내일 수업을 듣기 위해 학교로 올라가야 하는데 단돈 몇만 원이 없는 상황이었다.

기름값이 있어야 올라갈 텐데 아내의 얼굴을 살피니 아내도 없다는 눈치였다. 약국까지 타고 갈 버스비가 없어서 요즘

애들하고 운동 삼아 40분을 걸어 다닌다는 아내다. 한 주간 아이들과 버텨내려면 그녀야말로 돈이 필요할 텐데….

집에 있어 봐야 뾰족한 수가 없어 보여서 "여보, 나 갔다 올게" 하고는, 자는 아이들을 뒤로하고 떨어지지 않는 발걸음을 옮겨서 무작정 교회 승합차를 타고 올라가기 시작했다.

여주휴게소에 다다랐을 때 더 가면 고속도로 한복판에 설 것만 같은 생각이 들었다. 휴게소로 들어가 환한 가로등 불빛 아래 차를 세워놓고 뒷자리로 가서 앉는 순간, 눈물이 왈칵 쏟아졌다.

11시가 넘은 시간에 더 이상 갈 곳이 없었다. 기름값을 부탁할 사람도, 여유도 없었다. '아내와 애들은 무슨 죄냐?'라는 생각에 사로잡혔다. 아무것도 할 수 없는 나 자신이 너무도 한심하고 비참하고 불쌍하게 느껴졌다.

하나님이 저를 부르셨으면 다닐 차비는 주셔야 될 거 아니냐고 하소연하며 한참을 울고 있는데 누군가 밖에서 창문을 똑똑똑 두드렸다. 울음을 멈추고 돌아보니 어느 중년 아주머니였다. 교회 승합차 옆면에 교회 이름이 크게 쓰여 있는 것을 보고 교역자인가 싶었나 보다.

"전도사님이세요?"

"네."

"여기서 뭐 하고 계세요?"

차마 기름값이 없어서 못 가고 있다고 말할 수는 없었다.

"그냥 좀 피곤해서 쉬고 있습니다."

"아, 그래요?"

그리고는 곧 사라지셨다. 나는 울음을 그치고 마음을 추슬렀다. 무작정 앉아서 기도해보려고 했지만 기도도 나오질 않았다. 그냥 '하나님, 도와주세요. 아버지, 도와주세요. 저 너무 힘들어요'라고 되뇔 뿐이었다.

그때 다시 똑똑 창문을 두드리는 소리가 들렸다. 조금 전 그 아주머니였다. 문을 열라는 손짓을 하더니 창문 틈 사이로 무언가를 건네셨다. 받고 보니 5만 원권 지폐였다.

"전도사님, 이거 가시다가 식사하세요."

"권사님이세요?"라고 여쭤봐도 대답도 없이, 그 말만 남기고 이내 떠나가셨다.

5만 원을 받아든 나는 새벽까지 울었다. 눈물이 그치질 않았다. 하나님의 얼굴빛이 내게 비춰지는 것만 같고, 하나님께서 나를 보고 계신다, 지금도 여전히 하나님이 나를 보고 계신다는 것이 믿어졌다. 정말 나는 아무것도 할 수 없다고 느껴지는 그때 하나님은 일하기 시작하셨다.

4만 원어치 기름을 넣고, 남은 1만 원과 차에 있던 100원짜리 동전 몇 개로 고속도로 통행료(당시 제천에서 양지까지 5,200원이었다) 두 번 내고, 한 주간 공부하고 집에 돌아가니 기름에 경고등이 들어왔다.

그때 내가 받아든 5만 원은 50만 원, 500만 원, 5천만 원보다 더 큰 돈이었다. 당장 기름값이 없어서 꼼짝도 못 하는데 나중에 5천만 원을 받은들 무슨 소용이겠는가! 하나님이 여전히 나를 보고 계시고, 나를 위해 일하고 계신다는 그 사실 하나만으로 충분했다. 그래서 나는 버틸 수 있었다. 또 하루를 버텼고, 그 한 주를 버텨냈다.

여우도 머리 둘 곳이 있는데

그만큼 당한 고난이 익숙해질 때쯤 우리 가정에 가장 큰 위기가 찾아왔다. 신대원 3학년이던 2016년 5월 16일. 지금도 그날만 생각하면 가슴이 저려온다.

우리 가정은 아내가 벌어오는 돈으로 여전히 부족한 생활비를 하며 근근이 살아가고 있었다. 집은 한때 잘나갈 때 사둔 빌라였는데, 먹고사는 데 신경을 쓰다 보니 매달 30여만 원의 담보대출 이자를 낼 여건이 되지 않아 한 달 두 달 밀리기 시작했다.

그런데 이자를 수개월 못 내게 되자 농협에서 경매를 진행해버렸다. 여기저기 학비를 빌리고 갚기를 반복하는 나로서는 막을 방법이 없어 결국 2016년 2월에 집이 넘어가고 말았다. 단돈 10만 원도 없는데 어디로 가야 할지 앞이 캄캄했다. 넘어간 집에서 3개월 정도를 버티고 버텼다.

집을 경매로 산 사람이 찾아와서 70만 원 줄 테니까 집에서 나가달라고 했다. 어차피 집은 넘어갔고, 그래도 70만 원이라도 줄 때 받아서 나가야 하지 않겠냐는 생각에 집을 구하기 시작했지만 아무리 찾아봐도 우리 가족이 갈 곳은 없어 보였다.

한 지인이 영월 철길 옆 옥탑방을 보증금 300만 원에 30만 원 월세로 알아봐 주었다. 우리의 사정을 너무도 잘 알고 있던 그 분은 300만 원을 빌려줄 테니 우선 급한 대로 이사부터 하라고 했다.

그 말을 철석같이 믿고 이삿짐 차를 빌렸다. 포장이사는 비싸니까 우리 부부가 울며불며 짐을 쌌다. 그런데 이사 당일인 5월 16일, 문제가 발생했다. 학교에 결석하고 이사를 하는 중에 그의 연락을 받았다. 빌려주기로 한 돈 300만 원을 줄 수 없다는 통보였다.

아내가 알게 되었는데 빌려주면 절대로 못 받는다고 했다며 미안하다 하고는 전화를 끊어버렸다. 너무도 당황해서 전화를 여러 번 다시 걸었지만 받지 않더니 이내 전화기마저 꺼버렸다. 이삿짐 차에 짐을 싣던 중이라 이러지도 저러지도 못하는 상황이 되어버렸다.

월셋집 주인에게 보증금을 며칠 안에 내고 우선 짐부터 내리면 안 되겠냐고 사정했지만 안 된다고 딱 잘라 말하는 것이었다. 아내와 나는 주저앉아 버렸다.

'세상에 어떻게 이럴 수가 있을까….'

정신을 차리고, 이삿짐 차 사장님에게 오늘 짐을 못 내리게 됐다고 말하고, 하루에 10만 원씩 보관료를 내고 우선 차에 짐을 보관하기로 했다. 당시 중학생이던 아이들이 학교 끝나면 이사 가기로 한 집으로 오기로 했는데 그 밤에 아이들을 데리고 어디로 가야 할지 참 난감했다.

이런저런 사정들이 얽혀 있다 보니 누구한테 도움을 청할 수도 없었다. 할 수 없이 우리는 미처 못 챙긴 짐이 있다는 핑계로, 짐을 빼서 이미 텅 빈 집, 이제는 남의 집이 되어버린 그곳에서 하룻밤을 지냈다.

'하나님은 왜 침묵하실까? 왜 이런 상황에서 버려두실까?'

아내와 나는 아이들을 붙잡고 한참을 울어야만 했다.

다음 날, 나는 학교에도 못 가고 돈을 빌리러 다니기 시작했다. 사채를 빌려주는 사람을 소개받아 찾아갔다. 300만 원 빌리는 데 한 달 이자를 2부로 6만 원씩 주기로 했는데 내가 교회 전도사라는 것을 알고 우리 사정을 눈치챘는지 안 된다고 거절했다. 나는 그 자리에서 무릎을 꿇었다.

"한 번만 도와주세요. 아이들과 갈 곳이 없어요."

울며 사정하는 내가 안쓰러웠는지 각서를 받고 300만 원을 빌려줘서 간신히 철길 옆 옥탑방에 짐을 풀 수 있었다.

하나님이 먹이고 입히시는 은혜의 광야

학부 때 어렵게 공부를 하는 중에 나는 교육전도사를 사임하고 말았다. 자신이 없었다. 사람들의 눈초리와 나의 사정으로는 도저히 용기가 나질 않았다. 중고등부 학생들 앞에서 설교할 자신도 없었고, 찬양 인도도 늘 부담이 되었다. '너나 잘하세요! 예수 믿는 게 왜 저래? 네가 전도사야?' 그런 시선이 늘 힘들었다.

사임하고 나니 그나마 받던 사례비도 끊기고, 점점 더 깊은 수렁으로 들어가는 것만 같았다. 그런 중에도 무엇보다 감사한 것은 아내와 아이들이 버텨주고 있다는 사실이었다.

아내는 자신도 힘들고 지칠 텐데 나를 위로한답시고 자신은 괜찮다고 하고, 아무렇지 않은 듯 애써 힘을 내어 그것을 오버하면서 보이기도 했다. 그런 엄마를 따라 아이들도 "아빠, 우리는 괜찮아요", "엄마, 하나님이 계시잖아. 하나님 백이 있는데 뭐가 걱정이야"라며 우리를 응원했다.

아직 초등학생인 첫째 솔이가 "하나님이 계시니까 꼭 좋은 날이 있을 거예요. 열심히 공부해서, 아빠 아프니까 내가 간호사 돼서 치료해줄게요"라며 나를 위로하고, 동생 병권이도 "아빠, 내가 커서 엄마랑 아빠랑 비행기 태워줄게요"라고 했다. 그렇게 아이들의 꿈은 자연스럽게 간호사와 항공사 직원이 되었다.

아이들에게도 고맙고, 이토록 어렵고 힘든 상황에서 아이들을 하나님께서 만지시고 직접 키워주신다는 생각이 들어서 하나님께 너무도 감사했다.

나중에 아내는 그런 아이들이 있는데 어떻게 하나님을 원망하겠냐고, 그래서 힘들어도 한 번도 하나님을 원망하지 않고 잘 버틸 수 있었던 것 같다고 말했다.

매일의 삶이 너무도 힘에 겨웠지만 그때마다 하나님께서는 그분의 사람들을 보내어 먹이고 입히시는 은혜를 베푸시며 여전히 나를 잊지 않으셨고 함께하신다는 것을 보여주셨다.

새벽기도 때 무릎 꿇고 기도하며 울고 있던 내 앞에 10만 원이 든 봉투 하나를 조용히 두고 가시던 최 권사님, 끼니를 걱정하던 때 푸드뱅크를 통해 들어온 빵과 식재료를 보내주신 장로님…. 사회복지회 사역을 하시던 한 장로님은 내가 차 기름값이 없어서 전전긍긍할 때, 거래하던 주유소에서 이름만 적고 기름을 넣게 하시고는 몇 번을 대신 계산해주곤 하셨다.

학부 4년을 하나님 은혜로 간신히 마치고 신학대학원에 진학한 후 다시 교육전도사 사역을 시작했다. 환경은 조금도 나아지지 않았지만, 힘들 때마다 하나님의 은혜를 경험하면서 여전히 하나님은 나를 사용하려 하신다는 것을 깨달았기에, 그래도 주의 일을 감당하기로 했다. 다른 교회에서 사역하는 것은 엄두도 나지 않았고, 다행히 기존에 섬기던 교회에서 배려해주셔서 다시 사역을 할 수 있었다.

●

신대원 3년은 그야말로 전쟁같이 보냈다. 학교에서 안 해본 일이 없을 정도로 다 해봤다. 장학금을 탈 수 있는 일은 피 터지게 경쟁해서 해야만 했다. 기숙사 청소, 도서관 청소, 사생회장, 원우회장까지 역임하며 그 덕에 온갖 감투라는 것은 다 써보았다.

내 사정을 모르는 동기생들은 나더러 감투 욕심이 많다고 말했지만 나는 설명할 여력도 없었고, 무조건 전액 장학금을 받아야만 졸업을 할 수 있을 것 같았기 때문에 묵묵히 듣고 넘길 뿐이었다.

기적과 같이 신대원 3년을 마치고 졸업할 수 있었다. 목사 후보생 1년, 학부 4년, 신대원 3년, 강도사 1년, 목사고시 1년, 그 10년의 과정은 너무도 힘들었다. 내 인생, 아직 40여 년밖에 되지 않았지만 그 가운데 가장 힘들었던 때가 바로 그 10년이다.

그러나 마치 광야의 삶인 듯 그만큼 어려웠던 시절이지만, 돌이켜 보면 그때만큼 하나님께 매달리고 부르짖었던 때도, 하나님이 먹이고 입히시는 은혜를 입은 때도 없었던 것 같다. 또한, 하나님이 그렇게 훈련을 시키셨기 때문에 지금 덕천리에서도 사역할 수 있는 것 같다.

너를 낮추시며 너를 주리게 하시며 또 너도 알지 못하며 네 조상들도 알지 못하던 만나를 네게 먹이신 것은 사람이 떡으로만 사는 것이 아니요 여호와의 입에서 나오는 모든 말씀으로 사는 줄을 네가 알게 하려 하심이니라 신 8:3

부교역자로 섬기면서 하나님 앞에 사역을 놓고 늘 기도했다.

'하나님께서 어떻게 쓰시든, 하나님께서 원하시는 대로 사용해주옵소서! 그곳이 어디든지, 아골 골짝 빈들이라도 복음을 위해 살겠습니다.'

그것이 기도의 제목이었다. 늦은 나이에 신학을 해서 개척을 하든, 후임 청빙을 받든, 목사고시를 마치고 더욱 구체적으로 기도하기 시작했다.

아골
골짝으로

4

제가 가겠습니다

2018년 1월, 나는 대한예수교장로회(합동) 강동노회 영월시찰에 소속되어 부교역자로 사역하고 있었다. 1월 8일에 영월시찰회 교역자회에서 덕천교회 전임이신 이태식 목사님을 만나 뵙게 되었다.

신대원 5년 정도 선배님이라서 이 목사님은 어느 정도 알고 있었지만 덕천교회가 어디에 있는 교회인지는 사실 알지 못했다. 그 분이 복음이 들어가지 않은 곳에 교회를 세우는 사역을 하시던 중에 덕천리 지역에서 개척하셨다는 정도만 알 뿐이었다.

시찰회에서 만난 이 목사님은 내게 "혹시 우리 교회로 부임해보면 어떠시겠어요?"라고 물으셨다. 목사님은 하나님이 일본 선교사로 부르셔서 일본으로 나가려고 하는데 몇 년을 기다려도 후임 목사님이 오지 않아서 계속 찾고 있다고 하셨다. 6년째 후임자를 구하고 있는데, 목사님들이 와서 보고는 "연락 드리겠습니다" 하고 돌아가서는 연락이 없거나 못 가겠다고 해서, 그런 일이 되풀이되던 중에 내게까지 말씀하시게 된 것이었다.

내가 기도해보겠다고 대답하자 목사님은 "오지 사역이라 강도사님이 젊으셔서 혹시 안 맞을 수 있으니까, 시간은 많이 못 드리고, 가능하면 이번 주 안에 결정해주세요"라고 하셨는데 이 말씀이 마치 주님의 음성과 같이 들렸다.

집에 돌아와 아내에게 "덕천교회라는 곳에서 청빙이 왔는데 우리 같이 기도해보자"라고 한 다음 무조건 금식을 선포하고 3일간 금식기도를 하게 되었다. 나는 강도사로 사역하고 있었지만 여전히 아내는 약국에서 일하며 생계를 꾸려 나가는 상황이었다.

지금 돌이켜 보면 하나님은 최고의 전략가이시다. 솔직히 그곳을 가보고 결정하라고 했다면 정말 쉽지 않았을 것이기 때문이다. 우리 부부가 기도하기 시작한 그다음 날부터 내 머릿속에서 한 구절의 말씀이 떠나질 않았다.

우리가 살아도 주를 위하여 살고 죽어도 주를 위하여 죽나니 그러므

이 구절이 무슨 의미의 말씀이길래 내 가슴을 때리는 것일까? 이 말씀을 찾아 펴놓고 강해를 해보는 순간, 나는 너무도 깊은 말씀의 은혜를 경험하게 되었다.

이 말씀은 본질과 비본질에 대한 사도 바울의 지적으로, '아디아포라(Adiaphora, '대수롭지 않은 것들'이라는 의미) 논쟁'이라고도 불린다. 당시 로마 교회 안에 금욕주의자들이 들어와서 특정한 날(절기)에 대해서 논쟁하며 그날을 통해 믿음의 여부를 결정하려 하자 이것에 대하여 말한 내용이다.

이 말씀에서 사도 바울이 "본질은 나의 주 예수 그리스도이신데 네가 왜 비본질적인 것, 대수롭지 않은 것들 때문에 주를 위해 살지 못하는가?"라고 지적하는 것만 같았다.

그것은 지금 내게 주어진 말씀이고 지적이었다. 내가 주를 위해 살겠노라고 기도하고, 신학교에 입학해 개강 수련회에서 "부름 받아 나선 이 몸 어디든지 가오리다"라고, 아골 골짝 빈들에도 주를 위해 복음을 들고 가겠노라고 울며불며 이 찬송가를 부르던 기억이 떠올랐다.

'그렇지! 사례가 어떻고 환경이 어떻고 성도가 있고 없고는 다 비본질적인 거잖아! 내가 주를 위해 살겠다고 고백했는데,

본질이신 예수 그리스도를 전하는 복음의 사명자로 살기로 한 이상 그것들은 다 대수롭지 않은 것들이지! 아멘!'

성령께서 이 말씀을 생각나게 하시고, 이 말씀을 통해서 결정하도록 돕고 이끌어주셨다. 그렇게 나는 3일째 금식을 마친 목요일, 덕천교회에 가보지도 않은 채 이 목사님에게 전화를 드렸다.

"목사님, 제가 가겠습니다."

"아니, 와보지도 않고 결정하셔도 되겠어요?"

"네, 제가 가는 것으로 결정해주세요. 아내가 일을 하고 있어서 평일에는 가기가 어렵고, 토요일에 퇴근하고 나서 한번 가보겠습니다."

그렇게 나는 덕천교회에 가기로 결정이 되었다.

가시지 않는 충격

그 주 토요일, 아내가 퇴근한 후 우리는 내비게이션에도 찍히지 않는 길을 찾고 찾아서 가기 시작했다. 한 시간이 지나고, 산을 몇 개를 넘어도 교회는 보이지 않았다. 가로등도 하나 없이 깜깜하고 차가 한 대 겨우 지나갈 만한 산길에다가 길옆에 눈이 녹지 않은 채 그대로 있는 산을 넘고 넘어 가보니 아주 오래된 옛날 집에 십자가 불빛이 보였다.

5마리가 넘는 개들이 조용한 시골 마을을 떠들썩하게 짖어 대고 있었다. 깜깜한 마당에 몇 년이나 됐는지 가늠조차 할 수 없는 나무 대문을 '끼익' 하고 열며 나오시는 이 목사님을 보고서야 아차 싶었다.

'세상에, 이런 곳에 교회가….'

이 이상 놀랄 일은 없을 듯하였으나 놀랍게도 이것은 시작에 불과했다. 나무 대문을 지나 마당으로 들어가니 미음(ㅁ) 자 집을 개조해서 마당을 넓은 거실로 쓰고 있었다.

옛날 집에 손님이 왔는가 내다보는 작은 개구멍 같은 문으로 사모님이 "오셨어요?"라고 인사하시는데 그야말로 문화 충격이었다.

1월달 그 추위에 발 디딘 거실 바닥은 얼음장 같았다. 그런 대로 따뜻하다는 식당 방으로 안내를 받고 들어가니 방바닥은 그나마 따뜻했지만 웃풍은 시베리아였다.

한 시간여를 머무는 동안 이 목사님은 그동안 해오신 사역을 설명하고 앞으로 우리가 들어와서 어떻게 사역해야 할지 말씀해주셨지만, 우리는 충격이 너무 커서 무슨 말을 들었는지 잘 생각이 나지 않을 정도였다.

3월 첫 주에 부임하기로 하고 돌아오는 길. 차 안에는 내내 무거운 침묵만 흘렀다. 아내도 나도 서로 한마디도 할 수가 없었다. 나 또한 이 정도일 줄은 상상도 못 했기에 "여보, 어때?" 이런 말도 물어볼 수가 없었다.

'사나 죽으나 주를 위해 사는 거야. 그런 환경들은 다 비본질적이야….'

속으로 나 자신에게 아무리 되뇌고 되뇌어도 그 충격은 변하지도, 가시지도 않았다.

집에 돌아오자 솔이와 병권이가 교회는 어땠냐고 물어보는데 뭐라고 말해야 할지 선뜻 대답이 떠오르지를 않았다.

"어, 그냥…. 경치가 좋은 것 같아. 강에 물고기가 많을 것 같고. 병권이 낚시해보고 싶다고 했지?"

이것이 내가 할 수 있는 대답의 전부였다.

집으로 돌아온 아내는 밤새 뒤척이며 울고 있었다. 그런 아내가 걱정되는 한편, 너무도 미안했다. 그 어려운 상황에서 10년간 버티고 버텼는데 부임할 곳이 덕천리라니.

아마도 그동안 아내가 버틸 수 있었던 것은 그래도 하나님 은혜로 걱정 없이 자라준 솔이와 병권이가 첫 번째 이유였을 것이고, 두 번째는 남편이 힘든 공부의 시간을 마치면 반드시 더 좋은 곳에서, 적어도 사례 걱정 안 하고 생활비 걱정 없는 곳에서 적당한 성도들과 함께 행복한 목회를 하지 않겠는가, 하는 기대감이었을 것이다.

그날, 10년을 참고 견뎌온 그 기대가 한순간에 무너졌다. 친정 식구들과 동생들에게도 "우리 솔이 아빠가 목사님만 되면 이 모든 게 다 해결될 거야"라고 자신 있게 말하던 아내의 모습을 떠올리니 정말이지 할 말이 없었다. 그냥 울도록 놔두며 '하나님께서 만져주셔야겠습니다. 하나님, '사랑하는 내 딸아'라고 한 번만 불러주세요'라고 기도할 수밖에 없었다.

여보, 나 약국 그만둘까?

충격을 받은 아내는 약국에 전화해서 아파서 출근을 못 한다고 말하고는 며칠을 앓아누웠다. 3,4일이 되도록 일어날 기미가 보이지 않았다. 죽을 끓여다 바쳐도 입에도 안 대고, 물 한 모금 마시지 못했다. 아무 말도 하지 않았다.

나는 무슨 말이라도 좋으니 아내의 솔직한 속마음을 듣고 싶었지만, 지금은 하나님께 맡기고 조용히 기도하며 그저 묵묵히 기다려주는 것이 최선인 것 같았다.

그렇게 며칠이 지났다. 아내가 일어나서 쌓여 있는 설거지를 하고 있었다. 그런데 뜻밖의 말을 하는 것 아닌가?

"여보, 나 약국 그만둘까?"

순간, 나는 심장이 멎는 듯했다. 그동안 정신적으로 육체적으로 얼마나 힘들게 일했는지 잘 알기에, 그만둔다는 말은 이제 지쳐서 다 내려놓고 싶다는 말로 들렸다.

순간 눈물이 났다. 얼마나 힘들었을까 생각하니 지난 힘들고 어렵던 순간들이 파노라마처럼 지나갔다. 언제나 밝고, 순하고, 착하고, 힘들 때도 늘 웃던 아내의 그 물음은 더욱 애처롭게 느껴졌다.

"많이 힘들지? 미안해."

그런데 이게 웬일인가!

"아니, 그게 아니고 덕천교회에 가서 사역하려면 거기에 올인해야 되는 것 아니야?"

나는 울다 말고 아내의 얼굴을 쳐다보았다. 아내는 환하게 웃으며 말했다.

"나도 이제 일 그만하고 사모로 사역해야지."

할렐루야! 하나님이 만져주셨다!!

"사랑합니다, 나의 예수님. 사랑합니다, 아주 많이요."

"사랑한다, 내 딸아. 내가 너를 잘 아노라.

사랑한다, 내 딸아. 네게 축복 더하노라."

아내가 좋아하는 찬양의 가사처럼 우리 주님께서 "사랑한다, 내 딸아!" 하고 불러주셨구나 싶어 너무도 감사했다.

"어떻게 그런 마음을 먹게 되었어? 당신 며칠을 끙끙 앓더니 무슨 일이 있었던 거야?"

아내는 너무도 두렵고 힘겨운 환경을 보고는 너무 놀라서 힘이 쫙 빠졌다고 했다. 일어날 기운조차 없을 만큼 힘들었지만, 하나님이 말씀으로 위로를 해주셨는데 요한일서 3장 18절 말씀을 주셨다고 한다.

자녀들아 우리가 말과 혀로만 사랑하지 말고 오직 행함과 진실함으로 하자

"이 말씀을 받고 일어설 힘이 생겼어. 그동안 내가 주님을 사랑한다고 했지만, 정작 이런 사역의 어려움에서 주저앉으면 주님을 사랑하는 게 아니잖아. 말과 혀로만 사랑하는 거지. 주님 사랑하는 거, 진실하게 행함으로 사랑하자. 그래서 이왕 사역할 거면 다 그만두고 하나님께 나아가려고."

그때 나는 내 아내지만 참 대단하고, 참 강한 여인이라는 것을 새삼 느꼈다. 말씀을 받고 그렇게 말할 때는 심지어 존경스럽기까지 했다.

'하나님께서 나를 그곳에 복음의 사역자로 세우실 때는 이 정도 되는 아내가 있었기에 가능한 것이었구나…!'

그렇게 고맙고 존경스러운 한편, 그동안 참 많은 고생을 한 아내이기에 또 다른 고생이 불 보듯 뻔한 현실 앞에서 여전히 아무 말도 할 수가 없었다. 그저 "너무 고마워… 미안해…"라고밖에는.

그리고 2월 마지막 주, 졸업 예배를 끝으로 나는 부교역자로 섬기던 중고등부 사역을 내려놓고 사임하였고, 아내 역시 20년 가까이 다니던 약국 일을 그만두고 함께 덕천리로 들어가게 되었다.

환영식인가 신고식인가

2018년 3월 4일. 나는 덕천교회 2대 담임 목회자로 부임하게 되었다. 3월 한 달은 이태식 목사님과 한 주씩 설교하며 인수인계를 했고, 3월 25일 주일에 이 목사님은 눈물의 고별 설교를 마지막으로 일본으로 떠나시고, 우리 가족은 다음 날인 26일에 덕천교회로 이사해 들어가게 되었다.

고3이 된 솔이와 고2 병권이는 학교에 가려면 한 시간이 넘는 거리라서 각자의 학교 기숙사에 보내야 했다. 초·중·고등학교 시기를 지나면서 이 아이들이 감내했을 고생을 어떻게 말로 다 할 수 있을까. 단 한 번도 비뚤어진 마음이 없었다는 게 신기할 정도다.

아빠가 처자식은 뒤로한 채 공부하러 갔을 때, 중학생이었던 병권이는 연년생인 누나의 야간자율학습이 끝나는 늦은 밤 11시까지 기다렸다가 그 흔한 택시도 한 번 타보지 못하고, 40분 거리를 매일같이 함께 걸어다니곤 했다.

지친 몸으로 아이들이 오기만을 기다리던 아내는 아이들을 생각하면 마음이 아파서 밤잠을 설치는 날이 많았을 것이다. 그런데도 그 중요한 고3의 시기마저 솔이를 기숙사에 입사시키고 무엇하나 제대로 챙겨주지 못하니 그 미안하고 안타까운 마음은 이루 말할 수 없었다. 그 마음을 묵묵히 끌어

안고 아내와 나는 이삿짐을 싸서 덕천리로 이사했다.

'일단 한 달을 버텨보자. 한 달을 버티다 보면 사람이 살게 마련일 것이니…'라고 생각하며 들어갔지만, 생각과 달리 이사 첫날부터 우리 부부는 많이 당황했다. 가지고 간 장롱이며 웬만한 가구들이 거의 다 방에 들어가지를 않는 것이었다.

옛날 집은 그리 키가 크지 않은 내가 손을 뻗으면 천정에 손이 닿을 정도로 방이 낮고 좁아서 가구를 넣을 수가 없었다. 장롱을 자른다고 잘랐지만 삐뚤삐뚤하게 자르게 되어서, 우리가 가지고 간 장롱은 땔감으로 삼고, 이 목사님네가 사용하시던 오래된 장롱을 그대로 쓰기로 했다.

그렇게 짜 맞추듯이 짐들을 정리하고 들어간 이사 첫날, 허기를 달래려 읍내로 나가서 저녁을 먹고 늦은 시간 집에 도착한 우리 부부는 방에 불을 켜는 순간 경악을 금치 못했다. 처음 보는 검은 벌레들이 벽에 바글바글한데, 마치 덕천리로 온 것을 환영한다며 환영식이라도 하는 것 같았다. 아내는 기겁하여 비명을 질렀고, 나도 적잖이 놀랐다.

우리는 놀란 가슴을 부여잡고 살충제를 온 방에 뿌린 다음 문을 닫아놓고 밖에 나와 한참을 추위에 떨어야 했다. 3월 마지막 주라고 해도 강원도 산골짜기는 상당히 춥다. 하늘에는 너무나도 아름답게 별이 쏟아지지만, 세상은 가로등 하나 없이 온통 깜깜한 밤이었다. 첫날 밤은 매우 냉혹했다. 아내는 눈물을 훔치기 시작했다.

한 시간쯤 밖에서 떨다가 안방으로 들어가 보니 벽을 기어다니던 벌레들이 온 방바닥에 널브러져 있었다. 죽은 벌레들을 쓸어내고 이불을 깔고 잠을 청했다.

밖에는 강바람이 매섭게 불고, 바람에 지붕이 들썩들썩하는 소리에 잠이 오질 않았다. 두꺼운 이불을 덮어도 얼굴이 시리고, 그래서 이불을 뒤집어쓰면 바닥이 뜨겁고 숨이 답답해서 잠을 청하기도 어려울 지경이었다. 그렇게 우리 부부는 날밤을 새며, 이사 첫날의 신고식을 제대로 했다.

야생 그대로의 집

200년이 훌쩍 넘은 옛날 집은 그야말로 야생 그대로였다. 200년이 넘었다는 사실은 이사를 들어가는 날 알게 되었다. 교회 주변에 사시는 어르신들이 원래 있던 목사는 가고 다른 목사가 이사 왔다는 소식을 듣고 오셨는데 한 분이 자기가 이 집에서 태어났고 이 집에서 9대가 나왔다고 말씀하셨다.

이 마을 어르신들 대부분이 이 집에서 태어나고 결혼식을

했을 만큼 너무도 오래된 집이고, 아무튼 우리 교회가 있는
바새마을에서는 가장 큰 집인 것이 분명해 보였다. 그런 집에
서 첫날밤은 너무도 춥고 외롭고 힘들었지만, 그 역시 이 집
살이의 '첫날'일 뿐이었다.

쥐와의 전쟁

첫 밤을 뜬눈으로 지새우고, 날이 밝고서야 집안 전체를 구
석구석 돌아볼 수 있었다. 그야말로 쥐똥 천지였다. 200년 된
집을 리모델링해서 사용하다 보니 웬만한 나무는 썩고, 그 썩
은 나무에서 벌레들이 나와 기어 다녔으며, 조금의 틈과 구멍
이 있다면 그 앞은 쥐덫으로 가득했다.

집 정리와 동시에 대청소를 시작했다. 우리가 지금 할 수 있는 것은 청소밖에 없는 것 같았다. 무언가 정리가 되고 여기서 살 수 있는 환경이 먼저 되어야 다음에 사역이든 전도든 할 수 있을 것만 같았다. 그렇게 우리는 몇 달간 청소하고, 정리하고, 태우고, 버리고, 고치는 일만 했던 것 같다. 매일매일이 새로웠다. 환경이 새롭고, 너무도 조용한 것이 새롭고, 하루를 지내도록 사람 한 명 구경하기가 어려웠다.

저녁마다 한 지붕 아래 같이 살고 있는 쥐들의 파티가 시작되는 것 같았다. 지붕에서 찍찍대는 것은 기본이고, 매일 천정에서 경주하듯 뛰어다녔으며, 방과 주방에서는 쥐똥과 쥐오줌 냄새가 심하게 풍겼다.

도대체 몇 마리나 살고 있을까 궁금해질 만큼 쥐가 많았다. 그래도 집이 따뜻하다고 여겼는지 심야 보일러실 쪽 구멍 안으로 연신 쥐가 들락거리는 것이 눈으로 보일 정도였다.

하루는 쥐를 박멸해 보겠다고 쥐 끈끈이를 사다가 구멍이라는 조금의 틈만 있으면 그 앞에 끈끈이 쥐덫을 놓았다. 다음 날 아침, 내 눈을 의심했다. 그 끈끈이에 쥐들이 2층으로 포개져 붙어서 찍찍대고 있는데 적어도 10마리는 넘는 것 같았다.

뱀과의 동거

두 달 정도는 청소만 하며 '쥐와의 전쟁'을 하며 지내고, 이제는 조금 적응이 되나 싶었는데 그때부터 정말 문제의 복병이 나타날 줄이야!

날이 따뜻해지자 벌레는 물론이고 쥐를 잡아먹으러 뱀이 들어오기 시작했다. 미음 자의 집 마당을 개조해서 거실로 쓰고 있던 터라 예배당 입구에서 늘 뱀이 발견되곤 했다. 어디로 들어왔는지 도저히 알 수가 없었다. 뱀을 잡아서 교회와 최대한 먼 곳에 던지기를 반복했다.

예배를 드리고 축도를 마치면 곧바로 뛰어나가서 교인들의 신발 속에, 그리고 예배당에서 주방까지 올라가는 길에 뱀이 있는지 확인해야 했고(길에는 거의 매번 나와 있었다), 외출했다가 돌아와도 거실과 주방에 뱀이 있는지 확인하는 게 일이었다. 어느 날은 거실 슬리퍼 위에 뱀이 똬리를 틀고 있는 것을 보고 기겁했다. 학교 다니는 아이들이 주말에 집으로 올 때면 늘 뱀 자체가 스트레스였다.

안방에서 잠을 청하다 보면 쥐들이 다다다다 뛰어가는 소리와 함께 그 쥐를 잡아먹으려고 스스스 움직이는 뱀의 소리가 들렸다. 하도 듣다 보니 눈으로 보는 듯 그림이 그려질 정도로 익숙해지고 있었다.

뱀은 아직도 등골이 오싹할 정도라 생각도 하기 싫지만, 워낙 뱀이 많았던 터라 뱀에 관한 에피소드도 너무 많다.

한번은 주일에 쓸 부식 재료를 사러 읍내로 나가는 길이었다. 덕천리 지역은 겨울에도 며칠씩 고립되는 일이 자주 있었고 4륜구동 차가 있어야 그나마 운행을 할 수 있었다. 아내와 함께 산길을 오르는데 평소와 달리 차가 잘 나가질 않았다. 아무리 액셀을 밟아도 도무지 속도가 나지 않고 희뿌연 연기만 나는데 차 안으로 마치 고등어를 굽는 것 같은 냄새가 들어오기 시작했다.

"서낭당에서 제사 지내는 거 아니야?"

아내와 나는 동시에 서로를 쳐다보며 말했다. 조금만 더 가면 산 정상에 서낭당이 있는데 거기서 연기를 피우며 무언가 굽는 것 같았다.

그러나 막상 산 정상의 서낭당에 도착해보니 아무도 없었다. 우리 차의 문제였다. 이때 차는 불이라도 붙은 것처럼 온통 연기로 가득 차고, 생선 굽는 냄새도 코를 찔렀다. 견인차가 오려면 시간이 한참 걸리기 때문에 그나마 조금씩 움직이는 차를 살살 몰아 카센터에 도착했다.

정비사가 보닛을 열었을 때, 모든 사람이 경악하고 말았다. 아나콘다보다 조금 작을 듯한 어마어마한 구렁이가 엔진 라디에이터와 환기구 안에서 타고 있었던 것이다. 아마도 녀석은 겨울잠에서 깨어난 지 얼마 되지 않아, 그나마 따뜻한 차 엔진룸으로 들어와 거처로 삼았던 모양이다.

훗날 재건축을 하며 뱀이 왜 그렇게 많았는지를 알게 되었다. 사택과 교회 사이에 있는 흙담이 원인이었는데 그 흙담은 외부가 아니라 내부, 바로 주방 뒤에 있었다. 건축하면서 주방 씽크대를 들어내니 온통 뱀 허물이었고, 장비로 흙담을 건드리니까 수십 마리의 뱀들이 우글대고 있었다. 결국 그 뱀들과 한 지붕 한 방 안에서 함께 살았던 것이다.

차갑고 뜨거운 집

겨울에도 추워서 힘들었지만 사실 더 힘든 건 여름이었다. 옛날 흙집을 리모델링 하면서 오래된 지붕 함석판과 그 위의 슬레이트를 그냥 둔 채 다시 함석판으로 지붕을 덮은 구조였다. 그러니 더운 날이면 달궈질 대로 달궈진 함석판이 그 열기를 슬레이트에 전달하고 또 슬레이트는 그 밑에 있는 함석판까지 달구는 형세가 되었다.

너무 더워서 온도계를 보니 실내온도는 46도를 기록하고 있었다. 낮에 덥더라도 밤에는 더위가 사라져야 할 텐데, 달궈진 함석과 슬레이트는 쉽게 식지 않아 밤늦도록 온 방은 열

기로 가득했다. 창문도 하나 없는 안방은 가만히 있어도 숨쉬기 힘들 정도로 덥고 힘들었다. 그런 날이면 몇 시간을 밖으로 피난 갔다가 실내온도가 어느 정도 내려가면 들어가서 잠을 청해야 했다.

덕천리 전투

매일매일 아내와 함께 청소하며 쓸고 닦고 하다가 지쳐서 잠들고, 다시 일어나 반복하는 일상을 계속하던 중에 이 마을의 실상을 조금씩 알게 되었다.

전임 목사님에게서 이 마을이 샤머니즘이 강하고 나무와

산을 섬기는 사람들이 많다는 이야기는 들었어도 아직 마을 주민들을 겪어보지 못한 터라 그렇게 크게 와닿지는 않았는데 한두 달이 지나고 어느 정도 정리가 될 때쯤 영적 전쟁이 시작되었다.

하늘도 도운 당산나무 제거 작전

우리 마을 입구에 서낭당도 있고, 연포마을에는 그들이 신으로 모시는 나무(神木)가 있었는데 그곳에서 가끔 굿판이 벌어지곤 했다. 처음으로 기도 제목이 생겼다. 서낭당과 저 우상단지 나무를 없애달라고 기도했다.

그런데 하나님께서 곧바로 응답해주시는 것이 아닌가! 5월쯤 많은 비가 내리며 바람이 세게 불던 날, 그 나무에 번개가 쳐서 나무가 부러졌다. 소식을 듣고 현장에 가보니 마을 사람들은 다들 겁을 잔뜩 먹은 표정으로 서서, 건드리면 화가 미친다고 아무도 그 나무를 건드리지 못했다.

기회는 이때다 싶어서 내가 "이거 그냥 두면 집 쪽으로 넘어질 것 같은데, 그렇게 되면 그건 대형 사고예요. 이 나무가 무서운 게 아니라 이 나무가 넘어지는 사고가 위험한 거예요"라고 말했더니 사람들이 "그럼 목사 양반이 이것 좀 해결해주세요"라고 부탁했다.

그래서 한전에 전화해 "번개 맞은 나무가 한쪽으로 넘어지면서 전기선을 건드려 끊어질 것 같다"라고 신고했더니 한전 직원들이 스카이차를 가지고 방문했는데 그들 중에도 누구 하나 이 나무를 건드릴 수 있는 사람이 없었다.

결국 내가 전기톱을 가지고 직접 나무를 자르기 시작했다. 그 일로 나무는 없어졌고, 마을 주민들은 나를 '귀신을 이긴 목사'로 여기게 되었다.

신주단지를 부수다

서낭당을 없애기 위해서 기도했지만, 마을 주민들은 서낭당이 마을 고유의 문화라는 이유로 반대했다. 그런데 서낭당을 관리하는 무당이 "마을의 모든 문제는 교회가 들어왔기 때문이고 저 목사가 나무를 잘랐기 때문"이라고 이간질을 하고 다니기 시작했다. 소가 나이 많아 죽은 것도 모두 목사 때문이라고 뒤집어씌우고, 무당이 굿판을 벌일 때면 목사를 마을에서 쫓아내야 한다며 마을 사람들을 선동했다.

그런 어느 날, 우리 교회에서 가장 나이 많은 성도 할머니가 "죽기 전에 목사님한테 꼭 할 말이 있다"라며 나를 찾아오셨다. 할머니는 교회에 가끔 나오면서도 집에 신주단지를 모시고 있다며, 이제 집도 팔고 동네를 떠나 읍내에 가서 살고 있는데 죽기 전에 그것을 정리하고 싶다고 하셨다.

처음 부임하였을 때 덕천교회 성도에는 어르신 6명, 필리핀에서 온 다문화가정 2명과 여섯 살짜리 여자아이 1명이 있었다(이내 다문화가정 한 가정이 이사 가서, 성도 8명과 우리 가족 4명으로 예배를 드렸다). 사실 처음에는 8명의 성도가 있다는 사실에 놀랐다. 이런 지역에 교회가 있다는 사실도 놀라운데 8명의 성도가 있다는 것도 기적이었다.

그런데 문제는 이 어르신 성도들이 전부 다 산이나 나무, 미신을 믿던 분들이라는 것이었다. 이분들이 놓지 못하는 것이 바로 이 '신주단지'라는 미신단지였다. 나는 그 할머니에게 이렇게 말했다.

"어머니, 그 마을 어르신들하고 가족분들 다 모이라고 하세요. 그 사람들 보는 눈앞에서 내가 그것 정리할게요."

이 할머니는 꼭 다른 말로 문제를 일으키는 분이기도 했고, 나는 내가 믿는 하나님이 얼마나 위대하고 강한 분이신지 그들에게 제대로 보여주고 싶어서, 그리고 '오늘 영적 전쟁에서 승기를 잡아야지' 하는 마음에 그날 바로 모이게 했다.

그렇게 모이라고 하고 그곳에 갔더니 몇 분이 와 계셨다. 나는 도착하자마자 가지고 간 망치를 꺼내 들고 망설임 없이 바로 내리쳐 그 신주단지를 완전히 박살 내 버렸다. 미신을 믿는 어르신들이기에 적잖이 놀라는 분위기였지만 달려들어 말리는 사람은 아무도 없었다.

나는 그들이 말할 틈도 주지 않고(말할 분위기도 아니었다) 안에 들어있던 쌀은 버리고, 같이 들어있던 1만 원짜리와 1천 원짜리 몇 장으로 쓰레기봉투를 사다가 할머니 집에 있는 더러운 것들을 담아서 버렸다. 그러고 나서 그들에게 말했다.

"이런 건 아무것도 아니에요. 제가 대단한 게 아니라 이것 자체가 아무 쓸모 없는 우상단지예요. 만약 이 안에 귀신이 있어도 저한테는 귀신이 당할 수가 없어요! 벌써 줄행랑쳤어요. 왜냐하면 제가 믿는 예수님이 이미 다 이기셨기 때문이에요."

그날부로 나는 산신으로 섬기던 나무도 잘라버리고 그들이 고이 모시고 살던 신주단지도 박살 내버리는, 함부로 할 수 없는 목사가 되었다. 하나님은 이미 영적으로 승리케 하셨다.

산골 주민들의 냉대

덕천교회로 부임한 후 환경적으로 몇 달 정도는 적응하는 시간이 필요했다. 공적 예배 말고는 그 어떤 사역도 시작할 엄두를 내지 못했다. 한바탕 영적 전쟁을 치르면서 선제공격도 했고, 어느 정도 적응하고 정신을 차려보니 이제는 사역을 좀 해야겠다는 마음이 들기 시작했다.

그래서 한 주에 덕천리 한 마을씩 정해서 마을 전체를 다니며 인사도 하고 전도를 시작했다. 덕천리는 동강을 중심으로 여러 마을이 조금씩 형성된 마을이다. 거북이마을, 가정마을을 비롯해 연포, 바새, 덕내, 골덕내, 원덕천, 소골, 고성, 창말, 고림, 제장 등 여러 마을이 있는데 마을 안에서도 집들이 띄엄띄엄 있기 때문에 마을 하나 전체를 도는 데 꼬박 하루가 걸린다.

하지만 선제공격이 무색할 정도로, 강퍅한 마을 사람들의 텃세는 생각보다 심했다. 인사해도 받지를 않고, 목사와 대화하는 것 자체를 부정 탄다고 생각하는 것 같았다. 나중에 생각하기로는, 어쩌면 무서워서였는지도 모른다. 그들로서는 신주단지, 귀신보다 무서운 게 바로 목사가 믿는 하나님이기 때문이다.

처음 전도를 하러 간 날 정말 잊을 수 없는 일이 있었다. 전도 용품을 정성껏 준비하여 마을을 다니며 전도할 때였다. 한 어르신 댁에 들어가 인사하고 전도 용품을 전해드리고 돌아서 나오는데 그 분이 내 발 뒤로 그것을 집어던지셨다. 당황해서 "아버님, 이거 그냥 쓰시면 되는데요"라고 했지만 그 분은 뭐라고 욕을 하며 돌아서서 가버리셨다.

그 순간, 주울지 말지 고민하다가 땅에 떨어진 전도 용품을 주워서 마루에 올려놓고 나왔다. 이렇게 첫 전도사역은 눈물나는 사역으로 기억하게 되었고, 처음 인사드리러 간 날 일어난 일이라 영적으로 더 긴장하고 기도해야겠다는 생각이 들었다.

이대로는 안될 것 같아서 아내와 함께 방법을 모색해봤지만 뾰족한 수가 없었다. 결국 끊임없이 찾아가는 것밖에 없다는 결론을 내고 찾아가고 찾아가는 일을 반복했다.

부활절에는 계란 10판을 삶아서 덕천리 전 지역에 부활절 전도를 나갔다. 사람들을 찾아가 부활절 계란을 드리며 예수님의 죽으심과 부활에 대해 짧게나마 복음을 전했다. 그러던 중 산속의 어느 집을 방문했는데 그 댁 어르신이 물으셨다.

"목사 양반, 이왕 교회를 하려면 사람이 많은 큰 지역에 가서 해야 먹고살지, 여기는 사람도 없는데 뭐하러 교회를 하러 들어왔나?"

그래서 내가 웃으며 "아버님 때문에 여기 왔어요. 그러니 아버님도 예수 믿으세요"라고 말씀드리니 그저 어이없다는 듯 웃어 보이셨다.

그런데 이분이 내가 복음을 전하는 내내 받은 계란을 뚫어지게 처다보는 것이었다. 왜 그러시는지 의아해하고 있는데, 내 말이 끝나자마자 "이 계란이 부화한다고?"라고 물으셨다. 깜짝 놀랐다. 대부분 믿지 않는 사람들도 부활절, 하면 계란이 연상되지 않는가? 그런데 '부활'을 이야기하는데 이 계란이 '부화'하냐고 묻는 그 분을 보면서 진정한 복음을 듣지 못한 사람이 아직 많다는 것을 새삼 깨달았다.

기도해드릴게요

주민들의 냉대는 여전했지만 한 가지 접촉점이 있었는데 그것은 기도해드린다는 말이었다. 얼굴을 처다보지도 않고 인사도 받는 둥 마는 둥 하는 중에도 한 가지 특징적인 것은 "기도해드릴게요"라는 말을 할 때면 "네", 더러는 "고맙습니다"라고 대답하는 것이었다. 누군가 자신을 위해 기도해준다는 건 자신에게 도움이 되는 일로 생각하는 것 같았다.

"기도해드릴게요"라는 약속의 말을 지켜야겠다고 결심하고, 어르신들 각자의 특징과 기도 제목을 적어 매번 빼먹지 않고 기도해드렸는데 기도를 하고 다음 주에 다시 방문하면 조금은 태도가 달라진 것이 확실히 느껴졌다.

"어머니를 위해 기도했어요", "무릎 아프다고 하셔서 기도 했어요", "아버님 농사 잘되도록 기도했어요"라며, 약속한 대로 기도했다고 말씀드리고 다가가니까 "기도해주셔서 잘됐어요" 하는 분들도 종종 있었다. 그럴 때면 나는 "그래요? 그것 보세요, 하나님이 어머니를 엄청 사랑하세요"라고 대답해드리곤 했다.

　덕천리에 들어가 전임 목사님 사역을 이어서 하지 못한 것이 하나 있는데 바로 농사일을 돕는 것이다. 전임 목사님이 자신은 농사일 돕는 사역을 중점적으로 했는데, 사역을 마칠 때 돌아보니 농사일이 너무 힘들고 지치고 그 열매도 쉽지 않았다면서 가능하면 농사일은 하지 않는 게 좋을 것 같다고 조언해주셨기 때문이다.

　그러나 전임 목사님의 사역을 이어서 하는 입장에서, 더 잘하든지 더 많이 해야 한다는 부담이 있었는데 농사일을 하지 않으니 사람들이 '농사일 안 도와주는 목사'로 안 좋게 생각할까 봐 "저는 일은 잘 못 하지만 아버님을 위해서, 아버님이 하시는 농사일이 잘되도록 열심히 기도할게요"라고 말하면서 더욱 기도에 힘썼다.

　다행히 사람들은 젊은 목사가 무슨 농사일을 할 수나 있겠냐고 여기셨는지 농사일 쪽으로는 별 기대를 하지 않는 것 같앉고, 기도해드린다는 말에 구체적으로 기도를 요청하기도 하셨다. 심지어 다리가 아프다며 기도해달라고 요청하는 분도 있었다. 그 분들의 마음이 조금이라도 열렸다 싶으면 어김없이 예수 그리스도! 복음을 전했다.

덕천리
섬김 · 사역

5

내 양을 먹이라

처음 부임하여 적응하느라 애쓰는 동안 깊이 고민한 것 중 하나가 바로 '목회가 무엇일까?'라는 것이었다. 그때 하나님 께서 부어주신 마음은 바로 '성도들의 삶이 내 삶이 되는 것' 이었다.

예수님은 승천하시기 전 지상명령을 주시고, 하늘과 땅의 모든 권세를 가지신 그분이 세상 끝날까지 함께하겠다고 약 속하셨다. 그 능력과 권능으로 함께하시는 하나님께서 내게 "너희는 가서 모든 족속을 제자로 삼아 아버지와 아들과 성 령의 이름으로 세례를 베풀고 내가 너희에게 분부한 모든 것 을 가르쳐 지키게 하라"(마 28:19,20)라고 명하셨다.

질문이 생겼다. 가라 하셔서 왔고, 어르신들이지만 제자를 삼고, 세례를 베풀고, 부족하지만 성경을 가르치고, 전도하는 삶까지 이제 순종하여 시작하고 있는데 그것이 목회의 전부일까?

'목양이 무엇일까? 1주일 동안 설교 준비를 하고, 1년에 한두 번 대심방을 하고, 가끔씩 지나가다 돌아보며 도울 일이 있으면 도와주는 것이 목회일까?'

나 자신에게 계속 질문하면서 이런 환경에서 나는 어떻게 목회해야 할지, 어떻게 목회하는 게 하나님 보시기에 기쁨이 될지 고민하고 깊이 묵상하며 몇 달 동안 기도했다. 그때 우리 주님의 말씀 중에 "내가 너희에게 분부한 모든 것"이라는 부분이 눈에 들어왔다. 계속 질문해보았다.

'내가 너희에게 분부한 모든 것'이 무엇일까? 지상명령을 포함해서 주님께서 삶으로 나타내 보이고 분부하셨던 것이 무엇일까? 맡겨진 성도에게 내가 정말 지켜야 하고 가르쳐야 할 것이 무엇일까?'

그 답은 요한복음 21장에서 찾을 수 있었다. 부활하신 예수님이 제자들에게 나타나서 하신 말씀!

"네가 나를 사랑하느냐? 내 양을 먹이라!
네가 나를 사랑하느냐? 내 양을 치라!
네가 나를 사랑하느냐? 내 양을 먹이라!"

이 말씀이 내 심장을 터질 듯하게 만들었다.

'나의 목회, 나의 목양은 주님이 그토록 애타게 찾으시고 내게 맡겨주신 그 한 영혼을 먹이고, 그 양과 함께 그 양의 삶에서 함께 살아가는 것이구나! 그게 주님의 양을 치는 것이구나!'

그 은혜의 말씀을 통해 나는 성도들의 삶에 들어가서 그들과 함께하는 것이 목회임을 깨닫게 되었다.

그저 주일이 되면 교회에 나와서 우리만의 축제, 우리만의 예배를 드리고 다시 삶 속에서는 언제 그랬냐는 듯이 모른 척 살아가다가 또 주일이 되면 반복해서 "할렐루야!"를 외치는 것이 아니라, 성도들의 삶 속에 함께하며 주님이 몸소 가르치고 분부하신 모든 것을 그들에게 가르치고 지키게 할 것을 결단했다.

덕천교회의 섬김 사역은 주님이 보여주신 여러 상황 가운데서 바로 이 깨달음과 결단을 토대로 시작되었다.

충격적인 첫 심방 예배

부임하여 전도사역과 겸해서 처음으로 한 사역은 어르신 성도님들 가정에 방문해서 심방 예배를 드리는 것이었다. 성도님들 가정에 방문하겠다는 광고를 하자 다들 어리둥절해

하셨다. 말씀은 "우리 집은 안 오셔도 되는데…" 하셔도 표정
에서 기대와 설렘이 그대로 나타났다.

　2018년 5월 가정의 달을 맞아서 성도님들 가정방문 예배를
선포하고 시작하게 되었다. 첫 번째 심방은 당시 일흔이 넘으
신 할머니 성도님 댁으로 가기로 했다. 이 분은 내가 처음 부
임할 당시 계시던 어르신 여섯 분 중 한 분으로, 교회에 나오
기 전에는 나무를 섬기셨다.

　심방을 간다고 하니 이 할머니가 "목사님, 우리 집에는 점
심 드시지 말고 오세요"라고 말씀하셨다.

　'왜 식사하지 말고 오라고 하시지?'

　적어도 다른 교회에서 대심방 기간에 예배 후 목사님에게
식사 대접을 하는 것을 본 적도 없고 해보지도 않은 것이 분
명한데도, 본인의 집에서 처음으로 심방 예배를 드리게 된 것
에 나름대로 온갖 정성을 다하신 것 같다.

　심방 준비를 해서 아내와 11시쯤 성도님 댁에 도착했다. 그
런데 집안으로 들어서는 순간, 이상하고 약간은 역겨운 냄새
가 코를 찔렀다.

　'이게 무슨 냄새지?'

　마음속으로 궁금했지만 내색은 못 하고, 좁은 방안에서 할
머니와 예배를 드렸다. 할머니는 "목사님이 우리 집에 와서

예배드려주니까 너무 좋네요"라며 좋아하셨다.

예배를 마치자 "목사님이 오신다고 하셔서 점심을 준비했으니까 드시고 가세요" 하며 주방으로 우리 부부를 안내했다. 사방에 녹이 슨 오래된 부탄가스 위 양은 냄비에서 무언가 끓고 있었다.

내심 기분이 너무 좋았다. 아무도 알아주지 않고, 욕먹고, 박해만 받던 5개월 차 담임목사에게 그래도 식사라도 챙겨주시려는 그 마음이 정말 고맙고 감사하고 기뻤다. 나는 할머니에게 더욱 친근감 있게 다가가려는 마음에 "어머니, 뭘 그렇게 준비하셨어요. 안 하셔도 되는데"라며 가까이 갔다가 차라리 안 보는 게 좋았을 뻔한 것을 보게 되었다.

양은 냄비 안에 끓고 있는 것은 미역국이었는데 거기에는 멸치보다는 크고 고등어보다는 작은, 작은 조기 같지만 정체는 알 수 없는 생선이 둥둥 떠다니며 함께 끓고 있었다. 온 집 안에 진동하던 냄새는 그 미역국에서 나는 향기(?)였다.

거기까지는 그래도 괜찮았는데 문제는 그 미역국이 끓고 있는 양은 냄비였다. 모양이 내가 어릴 적 바깥에서 키우던 강아지의 밥그릇과 매우 흡사했다. 한 번도 씻어본 적 없는 듯한, 안쪽 벽에는 언제부터 있었는지 모를 밥알들이 붙어 시커멓게 굳어있고 가운데는 개가 핥은 듯 빤질빤질한 그 그릇에서 미역국이 끓고 있었다.

물론 기대는 하지 않았다. 우리 마을 독거노인들이 사는 사정들이 대부분 그저 하루하루 버티며 살아가는 삶이고 외부에서 사람들이 방문하는 일도 거의 없어서 위생적인 것은 기대하지 않았다. 그런데도 미역국을 보는 순간 머릿속이 하얘졌다.

'저걸 어떻게 먹지?'

코를 찌르는 역겨운 냄새와 둥둥 떠다니는 정체 모를 생선, 한 번도 설거지를 해본 적이 없는 것만 같은 양은 냄비, 온통 녹이 슨 고물 같은 부탄가스…. 나의 첫 심방 예배는 충격에 휩싸였다.

어쨌든 차려놓으신 밥상 앞에 아내와 둘이 앉았다. 밥상 위에는 반찬도 한두 가지 놓였고, 그중에 돼지고기를 볶아놓은 두루치기가 있었는데 이상하게도 그 고기에 물이 흥건했다.

이상해하며 관찰하고 있는 나를 본 할머니는 "어제 목사님 오신다고 해서 수입 삼겹살을 사 왔는데 왜 이렇게 물이 나는지 모르겠네"라며 물이 흥건한 두루치기를 들어다가 "이거 아까워서 어떡하나?" 하더니 끓고 있는 미역국에 그 물을 쭉 따르는 것이었다. 세상에…! 할 말을 잃었다.

식기도를 하는 내내 나의 머릿속은 이걸 어떻게 먹어야 할지 방법을 모색하기에 분주했다. 아내는 내 장이 연약한 것을 잘 알고 있기에 김치에 밥만 먹으라고 눈짓을 했지만, 차마 할머니의 성의를 무시할 수는 없을 것 같았다.

할머니께서 목사님 오신다고 얼마나 신경을 쓰셨겠는가. 자신을 위해서라면 수입 삼겹살 한 근도 사지 못하는 분들이 아닌가! 만약 내가 이걸 맛있게 먹어내지 못하면 이 할머니는 오늘 바로 시험에 들 것이 분명해 보였다. 어떻게든 맛있게 먹어야겠다는 마음뿐이었다.

순간, 하나님이 주신 지혜가 번뜩 떠올라 먼저 건더기를 막 먹고 국물은 마셔버리기로 했다. 그렇게 건더기를 막 건져 먹고, 국물을 거의 들이마셔 버렸는데 할머니가 아주 흡족한 표정으로 "아유, 목사님 잘 드시네. 사모, 목사님 더 갖다드려" 하시는 것이었다.

연약한 장 때문인지 며칠간 설사가 이어져서 그날 이후 거의 일주일간 심방은 중단되었다.

영양실조 할머니 댁 심방

다시 심방을 시작하고 두 번째 집을 방문했다. 그 할머니가 사시는 환경은 앞서 미역국 할머니 댁보다 더 심각했다. 집은 다 쓰러져 가고, 방은 할머니가 누울 자리 외에는 온통 다 잡동사니와 쓰레기로 가득해 안으로 들어갈 엄두조차 낼 수 없었다. 방에 들어갈 수 있는 공간이 없어서 할머니는 방에 계신 채로 우리 부부는 밖에 서서 예배를 드렸다.

선물로 가져간 빵과 베지밀을 드리고 할머니가 점심 식사를 어떻게 하시는가 보았더니 그야말로 충격이었다. 그저 식은 맨밥을 물에 말고, 언제 만들었는지도 모를 썩은 간장 같은 것을 찍어 드셨다. 자신을 위해서는 그 어떤 요리도 하지 않으시는 것 같아 보였다.

"어머니, 이것 말고 다른 건 안 해 드세요?"

"그냥 먹고 때우는 거지."

전임 목사님이 영양실조 할머니가 몇 분 있다고 하셨을 때 그 말을 이해하지 못했는데 그 할머니의 상황을 보고서야 완전히 이해할 수 있었다.

하루는 이 할머니의 번호로 전화가 왔다. 한글도 숫자도 모르고 그저 걸려오는 전화만 받는 분이라 의아해하며 전화를 받았다. 어떤 남자가 "여보세요? 거기 덕천리 교회죠?"라고 묻더니, 내가 "네, 누구시죠?" 하자 바로 이 할머니를 바꿔주었다. 할머니는 "목사님, 나 어지러워서 병원 가야 해요. 내일 아침에 오세요"라고 자기 할 말만 하고는 전화를 끊어버렸다.

전화를 걸어준 사람이 누군지 갑자기 궁금해졌다. 할머니에게 전화를 걸어 전화 걸어준 사람이 누구냐고 여쭤보니 아들이라고 한다. 나는 내 귀를 의심했다.

"아들요? 그 아들 어디 갔어요?"

더욱 놀라운 대답이 들렸다. 전화 걸어주고 갔다는 것이다. 아니, 세상에! 엄마가 아프면 병원에 빨리 모시고 가야지, 남에게 전화만 걸어주고 가버리다니 너무 황당했다.

그다음 날이 되었다. 할머니는 시계를 못 보시니까 날이 새면 길가에 나와서 차를 기다릴 것이 분명했다. 우리 마을은 아직 버스도 들어오지 않고 택배도 오지 않기 때문에 어르신들이 병원에 가거나 읍내에 나가려면 다른 사람의 차를 얻어 타거나 언제 올지 모르는 차를 길가에서 무작정 기다리는 게 전부였다.

아침 일찍부터 길가에 나와서 기다릴 할머니를 생각하여 부지런히 준비해서 아내와 함께 할머니 댁으로 향했다. 어김없이 할머니는 길가에 나와 앉아 계셨다. 할머니를 모시고 1시간 거리에 있는 영월의료원으로 가면서 증상이 어떠신지 물어봤더니 자꾸만 어지럽다고만 하셨다.

의료원에서는 진료 후 이석증이 의심된다며 제천에 있는 병원에 가서 이비인후과 진료를 받아보라고 했다. 다시 제천시에 있는 이비인후과로 갔는데 검사 들어간 지 5분도 안 되어 안에서 보호자를 불렀다. 검사실로 들어가니 할머니가 이석증 검사를 무서워해서 못 하신다는 것이었다.

검은색 수경 같은 안진 검사 장치를 씌우고 이리 눕히고 저리 눕히고 하는 검사인데, 이 검은색 고글을 쓰는 순간 무섭다고 못 하겠다고 하니 도저히 검사가 안 돼서 의사 선생님이 보호자를 부른 것이었다. 할머니는 내 손을 꼭 잡고서야 검사를 마칠 수 있었다.

그런데 검사 결과는 이석증이 아니었고, 기초 검사에서 영양실조로 나왔다. 의사 선생님은 도대체 어떤 환경에 할머니를 두길래 영양실조냐고 내게 호통을 치며 따져 물었다. 나를 그 할머니의 아들로 생각했던 것 같다.

섬김 사역의 시작

반찬 사역

그래서 반찬 사역을 시작하게 되었다. 심방을 통해서 무언가 해야겠다는 생각이 들었고, 무언가 할 수 있는 것이 생겨 첫 사역으로 시작한 것이 반찬 사역이다.

올해는 반찬 사역으로 여덟 가정을 선정해 섬기고 있다. 물론 다 혼자 사시는 분들로, 선정 기준은 말 그대로 영양실조 위기에 있는 어르신들이다. 처음에는 열두 명까지 섬겼는데 그동안 두 분은 돌아가시고 두 분은 요양원에 가셨다. 코로나가 터지기 전까지는 주일에 한 번, 수요일에 한 번, 그렇게 일주일에 두 번씩 반찬 사역을 했다. 적어도 일주일에 두 끼 정도는 제대로 드시게 하면 좋을 것 같았다.

어떻게 반찬 사역을 할지 아내와 의논하고 시작했는데 시행착오도 있었다. 그중 하나가 그릇 사용이었다. 냉장고도 없는 분들이 계셔서 락앤락 통을 사다가 밥과 국, 그리고 반찬 3가지 정도(그중에는 고기반찬 하나가 꼭 들어가도록)를 담아서 나눴다. 그런데 설거지는 기대도 안 했지만, 그릇이 온데간데없이 사라져 회수를 할 수가 없었다.

경제적으로 너무도 힘든 상황이라 계속 락앤락 통으로 사역하는 것은 무리였다. 그래서 장례식장에서 상조회가 제공하는 종이 용기를 모으기 시작했다. 장례식을 치르는 지인이 있으면 남는 그릇이 있나 물어보고, 회사에 다니는 분들에게는 상조회에 알아봐서 종이 용기를 구해달라는 부탁도 드렸다. 그렇게 해서 당분간 사용할 그릇이 꽤 모였다.

종이 용기에 반찬과 밥을 넣고 위생 비닐로 덮고 고무줄로

테두리를 둘러 나눠드리기 시작했다. 설거지하는 것이 힘드시니까 다 드시면 그대로 쓰레기로 버리든지 태우든지 하시라고 안내했다.

그렇게 우리 부부는 첫 사역으로 반찬 사역을 할 수 있음에 감사하고 기쁨으로 사역을 시작하게 되었다. 결과는 대만족이었다. 한 주에 한두 끼를 그나마 제대로 식사하게 된 이후 병원을 모시고 가는 횟수가 줄기 시작했다. 어르신들의 얼굴도 조금씩 바뀌는 것 같아 너무도 감사하고 좋았다.

때로는 힘이 들고, 이번 주는 무슨 반찬을 할지 고민도 되고, 넉넉지 않은 교회 사정으로는 매주, 한 달이 부담되는 상황이 많았지만 그래도 아끼고 아껴서 나눌 수 있음에 너무도 감사하다.

이불 빨래 사역

반찬과 전도 용품을 나누다 보면 어르신들의 생활 공간에서 마음에 걸리고 유독 눈에 들어오는 것들이 있는데 그것은 모두 아내의 몫이었다. 무언가 보면 그대로 두지를 못하는 성향 탓일까? 아내는 가는 곳마다 싱크대와 방을 청소하고 정리했다. 본인도 힘들고 버거울 텐데 그래도 기쁨으로 하는 아내를 볼 때면 너무도 고마웠다.

유독 눈에 들어온 것은 바로 버려야 할 것 같은 이불을 세탁조차 하지 않고 덮고 주무시는 모습이었다. 세탁기가 없는 어르신들에게 이불을 빠는 일은 정말 쉽지 않다. '적어도 우리 집에 있는 통돌이 세탁기로 빨아서 갖다 드리면 훨씬 나을 것 같다'라는 생각이 들어서 주기적으로 이불 빨래 사역을 하게 되었다.

어르신들 이불을 가져와 세탁해서(그동안은 교회의 여분 이불을 빌려드린다) 보다 향기롭고 깨끗한 이불을 덮으실 수 있도록 하는 사역이다. 반복해서 하는 일상이지만 그 일은 연이어 우리의 사역이 되어버렸다.

청소하는 일, 설거지를 해드리는 일, 고장 나고 망가진 살림살이와 집을 보수하는 일, 이불 빨래까지 돌아가며 사역하다 보면 한 주가 너무도 바쁘게 지나갔다.

물질이 넉넉해서 사역하는 것이 아니라 오히려 물질의 어려움으로 돈이 없어 할 수 없는 일들을 그저 몸으로 때우기 시작한 것이었다. 그렇게 하다 지치면 쓰러져 자고 하는 일이 반복되었다. 그런데 이러한 사역을 통해서 자연스럽게 우리 부부는 성도들의 삶의 한 부분에 같이 들어가게 되었다. 내 삶이 곧 성도들의 삶이 되었다.

김장 사역

어느덧 겨울을 준비해야 하는 시기가 되었다. 여전히 성도들의 삶을 돌아보고, 끊임없이 찾아가 관계 맺기 전도를 하고, 작은 무엇이라도 생기면 복음과 함께 나눠주는 사역을 하고 있을 때 마을 어르신들이 이구동성을 하는 말이 있었다.

"목사님이 바뀌었으니까 이제 김장 안 주겠네?"

전임 목사님은 덕천리에서 사역하는 동안 매년 김장을 해서 마을 독거노인들에게 나눠드리는 사역을 하셨다고 했다. 그 말을 들은 나와 아내는 서로 '어떻게 하지?' '우리가 할 수 있을까?'라는 눈빛을 교환했지만, 순간 내가 대답했다.

"그럼요! 당연하죠! 맛있는 김치 해서 드릴게요."

돌아오는 차 안에서 아내가 물었다.

"어떻게 하려고 그래?"

"가오(얼굴, 체면을 속되게 이르는 말)가 있지."

순간 차 안에는 정적만 흘렀다.

사실 교회 김장을 위해 배추를 400포기 정도 심어두었다. 2018년 그해에 심은 배추 농사가 얼마나 잘되었는지 지나는 마을 주민들이 다들 배추가 너무 좋다고 했다.

그렇게 시작된 첫 김장 사역은 잊지 못할 400포기 김장이었다. 부임한 첫해에 뜯고, 다듬고, 씻고, 절이는 것까지 아내와 둘이서 했다. 말이 400포기지 정말 너무도 힘들었다. 특히 통마다 절여진 배추를 다시 뒤집느라 이른 새벽부터 시작해서 둘이서 3시간 이상을 씨름해야 했다.

그렇게 시작한 김장 사역은 지금도 매년 지속하고 있다. 400포기 김장한 것을 독거노인, 다문화가정, 전도 대상자를 포함하여 전체 42가정에 나눠드리고 있다.

첫해 김장 사역이 끝난 후에 알게 된 일인데 아내는 셋째를 임신한 상태에서 그 힘든 첫 김장 사역을 한 거였다. 아마도 임신 사실을 알았으면 김장 사역은 꿈도 못 꾸지 않았을까?

5개월 만에 셋째 율이를 임신한 것도 참 기적이지만 임신한 채 그 힘든 김장 사역을 한 것은 더 기적 같다.

영혼들을 섬기기 위한 몸부림

덕천리에서 독거노인들을 섬기는 사역은 끊임없이 복음을 전하고 그들의 삶에 함께함으로 섬김의 삶을 살아내는 것이 그 핵심이다. 언제가 될지는 알 수 없어도 그중에는 하나님이 구원을 주시기로 예비하고 택하신 백성이 있기 때문이다.

사역의 핵심은 그러하나 사역에 물질이 필요함은 어쩔 수 없는 현실이다. 부임하고 1년이 넘도록 덕천교회 예산은 800여만 원이 겨우 될 정도의 미자립 상황이었다.

사례비는 생각도 할 수 없었고, 한 달에 외부 교회(제천 성도

교회, 울산 대영교회, 영월제일교회, 소망예빛선교회)와 개인이 후원해주시는 60만 원으로 사역했다. 때로는 차량 유지비도 걱정이 될 만큼 여전히 순간순간 위기가 오기도 한다. 매주 반찬 사역을 위해 사야 하는 부식값도 만만치는 않아서 웬만한 채소는 자급자족하기 위해 농사짓는 일이 추가되었다.

그럼에도 그 사역을 지속할 수 있는 것은 하나님의 일하심 덕분이다. 이미 하나님의 역사하심을 수많은 경험으로 알게 되었기에 우리는 교회의 사역을 해나감에 있어 어떠한 형편에서도 하나님의 뜻이 있는 곳에 하나님이 임재하시고 역사하신다는 사실을 분명히 믿는다.

하나님이 일하시는 사역들은 언제나 기적의 연속이다. 하나님이 그 일을 통해 반드시 하나님의 뜻이 이루어지도록 역사하시기 때문이다. 그 기적 속에 산다는 것은 곧 '그 역사의 현장 속에서 순종하며 살아갈 때 기적을 맛보는 것'이라고 생각한다.

때로는 어렵고 힘들지만, 역사의 현장 속에 매 순간 쓰임 받기를 사모한다. 하나님의 기적은 곧 한 영혼이 주께로 돌아오는 기적이다. 주님이 찾으시는 한 영혼! 그 영혼을 위해 오늘도 우리의 사역과 삶 속에 살아계신 하나님은 여전히 일하고 계신다. 그 일을 통해 하나님은 능력으로 역사하신다.

"내 양을 먹이라! 내 양을 치라! 내 양을 먹이라!"

주님의 말씀에 순종하려고, 부족하고 연약하지만 나는 지금 주님이 맡겨주신 이 목양과 사역의 현장에서 몸부림을 치고 있다. 주님이 찾으시는 한 영혼을 위해서 힘을 다해보는 것이다. 그것이 복음이라 믿기에….

귀한
동역자들

6

브리스길라와 아굴라 부부

사역의 현장에 어려움은 있지만, 하나님은 그분의 기쁘신 뜻을 위해서 가장 선한 방법으로 일하신다. 이사하여 사역을 시작할 무렵부터 하나님은 우리에게 동역자를 보내주셨다.

사도 바울에게 붙여주신 브리스길라와 아굴라 부부 같은 신실한 집사님 부부가 지금까지 6년 동안 한 주도 빠짐없이, 한 달에 한 번, 셋째 주마다 경기도 안양에서 오셔서 함께 예배드리며 귀한 동역을 이뤄가신다.

이분들은 우리가 덕천교회로 부임하기 한 주 전인 2018년 2월 25일에 덕천교회를 찾아오셨다. 당시 전임 목사님의 사역에 관해 듣고는 하나님이 주신 감동을 따라 한 달에 한 번이라도 예배에 참석하려는 마음으로 찾아오셨다고 한다.

부임 후 전임 목사님이 "지난주에 안양에서 부부가 찾아오섰는데 아마도 당분간 한 달에 한 번이라도 예배에 오실 것 같아요"라고 말씀하셨다.

'어떤 분들이실까?'

50대 젊은 부부라는 말씀에 눈이 번쩍 떠졌다. 70-80대 어르신 6명, 말을 다 알아듣지 못할 것 같은 다문화가정 성도 2명과 여섯 살짜리 어린이 1명이 전부인데 젊은 부부가 와준다면 적어도 교회의 영적 분위기가 완전히 달라질 것 같은 기대감 때문이었다.

그렇게 해서 셋째 주에 만난 동역자 집사님 부부는 기대 이상으로 신실하신 분들이었다. 이분들은 그때부터 지금까지도 매달 셋째 주마다 오셔서 함께 예배를 드리는데 그때마다 예배당에 활력이 넘친다. 코로나 시기, 예배당이 닫힐 때도 우리 교회는 한 번도 예배가 멈춘 적이 없는데 그때 이분들이 두 달 정도는 매주 오기도 하셨다.

함께 예배드림이 가장 큰 힘이 되었고, 멀리서 이 산골 교회에 오셔서 외로운 우리와 함께해주시는 것이 위로였다. 게다가 오실 때마다 물질의 연보는 물론, 반찬 사역에 쓸 부식이나 재료들, 전도 용품들을 가져와 섬겨주셨다. 하나님이 보내고 세워주신 이들의 동역에 힘입어 반찬 사역과 전도사역을 더 많이, 더 좋게 섬길 수 있었다.

패기와 열정의 청년 사역

우리 부부가 사역을 시작하고 처음으로 동역한 이들은 일산 한소망교회의 청년부였다. 그들은 전임 목사님이 사역하실 때부터 7년째 계속해서 아웃리치(outreach, 지역 주민에 대한 적극적인 봉사활동)를 왔다.

내가 부임한 해에도 어김없이 70명 정도의 청년부원들이 여름에 아웃리치를 와서, 그 오래된 교회의 발 디딜 틈조차 없을 정도로 좁고 불편한 데서 부대끼면서도 서로 격려하며 1주일간 사역을 했다. 청년들은 농활 사역, 벽화 사역, 전도 사역, 건축보수 사역으로 나누어 활동했는데, 대체로 잘 훈련되어 있었다.

돌아보면 은혜가 아니고서는 설명할 수 없는 일이 참 많이 있었다. 그중에 대표적인 것이 농활 사역이었다. 몇 년째 사역을 계속해왔다고는 하지만, 그래도 대도시에서 온 청년들에게 농사일은 헷갈리는 것투성이라 실수도 많을 수밖에 없다.

당시 어떤 농가에서 도움을 요청해서 콩밭의 풀을 제거하는 일을 하게 되었다. 일을 나가기 전에 "이건 콩이고, 이것들은 풀입니다. 콩은 남겨두고 풀만 제거해야 합니다"라고 얼마나 교육을 했던가. 농활팀 청년들 30여 명을 밭으로 데려가 다시 한번 당부한 후 나는 건축보수팀과 함께 성도님 가정의 무너지려고 하는 벽을 세우는 작업을 하고 있었다.

점심때쯤 되었을까? 그 콩밭의 주인이 "목사님, 빨리 좀 와보세요"라고 전화를 하셨다. 뱀이 워낙 많은 지역이라 그만큼 뱀을 조심하라고 강조했는데 혹시 청년 중에 뱀에 물린 사고가 났나 염려하며 다급히 밭으로 달려갔다.

가보니 다행히 사고가 난 것은 아니어서 안심했지만 그것도 잠시, 밭을 둘러보니 세상에! 밭이 휑한 것이, 남아있는 작물이 거의 없다시피 했다. 콩도 없고 풀도 없고, 모두 잡초로 알았는지 청년들은 땀을 뻘뻘 흘리며 모조리 뽑아서 밭 가로 옮겨놓은 상태였다. 주여!

얼마나 부지런히 일했는지 진작에 뽑혀 밭 가에 쌓여 있는 콩대는 한낮의 땡볕에 이미 뿌리가 거의 마른 상태였다. 다시 심을 수도 없고 도통 답이 없었다. 이미 벌어진 일을 어쩌랴. 일단 청년들은 교회로 돌아가고, 나중에 밭 주인에게 얼마간 보상해 드리는 것으로 마무리되었다.

그런데 하나님이 하시는 일은 단 하나도 헛된 일이 없다. 그렇게 뽑힌 콩은 다시 심을 수 없었지만, 반강제로 다 뽑힌 밭에 그 밭 주인이 가을 무를 심었는데 놀랍게도 무를 수확할 시기에 콩값은 폭락하고 무는 금값이 되었다.

어쩌면 콩으로 안 될 일을 하나님의 일을 통해 합력하여 선의 결과를 얻은 것 같았다. 무 수확을 마치고 밭 주인이 감사하다고 인사하러 찾아왔고, 그 일은 마을에서 하나님의 일이 놀랍다는 이야기로 회자되기도 하였다.

●

우리 마을에서 한바탕 떠들썩하게 사람들이 올 때는 언제나 교회에 오는 아웃리치 사역이 대표적이다. 청년들이 활기차게 사역하는 모습은 불신자 어르신들이 볼 때도 역동성 있게 보였나 보다. 한 할머니가 청년들이 오면 자신의 집 벽을 수리해달라고 하셨다.

그전에도 필요를 채워드리기 위해 무언가 도와드릴 게 없는지 여쭤보면 넘어가는 벽을 고쳐주길 바라셨다. 그 당시만 해도 나는 용접기술만 있지 건축의 '건' 자도 모르는 사람이라 답사를 다녀온 후 어떻게 고쳐드려야 할지 난감했었다.

그러던 중 마침 한소망교회 청년부가 와서, 청년 몇 명과 할머니 집에 도착했다. 언제 쓰러져도 이상하지 않을 것 같은 오래된 흙벽이 한쪽으로 거의 넘어가고 있었다. 기초를 보강해서라도 넘어가는 벽을 바로잡아야 할 것 같았다.

방문을 열고 들어가니 언제 샀는지 모를 아주 오래된 냉장고가 서 있었는데 그 냉장고를 빼자, 간신히 버티고 있던 흙벽이 완전히 무너져 버렸다. 그런데 그 벽에 확인하지 못한 복병이 있었다! 벽이 무너지자 수백 마리나 되는 엄청난 말벌들이 공격해 왔다.

청년들과 나는 혼비백산해서 사방으로 뛰기 시작했다. 결국 몇몇 청년은 병원에 가야 했고, 나도 수십 방 쏘인 채 집수리 사역은 그대로 중단되었다. 후에 패널로 막아드리면서 확인해 보니 거의 세숫대야만 한 말벌집이 3개나 있었다.

일주일 사역하는 동안 참 많은 일이 있었지만, 참 외롭고 힘들고 적응하기 쉽지 않던 부임 초기에 하나님이 보내주신 청년들의 열정 넘치는 사역은 우리 부부가 도전받고 힘을 얻고 회복하기에 충분했다. 그 귀한 청년들에게 이 지면을 빌어 다시 한번 감사와 사랑을 전하고 싶다.

첫 열매를 함께한 따뜻한 수고

서울 삼덕교회도 일산 한소망교회처럼 전임 목사님 때부터 교류가 있었다. 낙도 오지에 관심이 많은 김웅배 담임목사님이 낙도선교회에서 전임 목사님과 알게 되셨다고 한다. 그후 동기 목사님이 사역하는 정선 귤암리교회에 오실 때 인원을 나누어 우리 교회에도 와주셨다.

삼덕교회를 생각할 때 내게는 참 무안하고 죄송한, 거의 트라우마에 가까운 기억이 있다. 부임한 지 1년이 지난 2019년 봄, 우리 부부는 어버이날을 맞이해서 마을 어르신들에게 정성껏 준비한 식사 한 끼라도 대접해드리고 싶었다. 그래서 꼭 오시라고 한 달 이상을 초청하고 안내하여 약 40명에게서 오겠다는 확답을 받았다.

늘 턱없이 부족한 재정이지만 구령의 열정 하나로 진행하는데 감사하게도 하나님이 삼덕교회를 도움의 손길로 붙여주셨다. 초청 당일, 담임목사님과 성도님들이 새벽부터 출발해 오전에 도착하여 준비해온 재료로 맛있는 점심을 준비해주셨다. 함께 협력하여 40여 명의 식사와 선물을 준비하면서, 이참에 마을 어르신들과 예배도 드리고 복음도 전할 생각에 기대가 가득했다.

그런데 12시에 열리기로 한 덕천교회 초청 사역은 기존 우리 성도님 몇 분, 그리고 초청한 어르신들 중에서는 단 2명이 오신 것으로 마치게 되었다. 그때 일을 생각하면 지금도 얼굴이 화끈거리는데, 당시에 느낀 혼란스러움과 난감함은 이루 말할 수가 없다. 1년 동안 나름대로 애썼는데 그 수고가 물거품이 된 것 같고, 수고를 아끼지 않으신 서울 삼덕교회 담임 목사님과 권사님들에게도 할 말이 없었다.

그럼에도 목사님은 "원래 초청을 하면 대답만 잘하시고 잘 안 오세요. 우리 교회도 그래요"라며 오히려 나를 위로해주셨고, 삼덕교회 권사님들도 지쳐있는 아내에게 따뜻한 격려의 말을 건네며, 거의 고스란히 남아 있는 음식을 포장해 나눠주는 일을 함께 도와주셨다.

그러나 하나님의 생각과 계획은 우리의 생각과 계획보다 훨씬 더 높고 위대

하시다. 그래서 당장은 이해가 되지 않다가 훗날에야 조금씩 그 뜻을 헤아리게 될 때가 많다. 내게는 이 첫 초청 사역도 그랬다.

> 이는 내 생각이 너희의 생각과 다르며 내 길은 너희의 길과 다름이니라 여호와의 말씀이니라 이는 하늘이 땅보다 높음같이 내 길은 너희의 길보다 높으며 내 생각은 너희의 생각보다 높음이니라 사 55:8,9

그동안은 그 일을 다시 떠올리는 것 자체가 힘들 정도여서 제대로 보지 못했는데 이번에 글을 쓰며 성령님의 조명 아래서 그때를 돌이켜 보니 당시에는 인간적인 실패로 보였던 그날 그 자리가 실은 '한 영혼'을 위해 하나님이 예비하신 천국 잔치였다는 것을 깨닫게 되어 놀라울 따름이다.

당시 초청잔치에 온 두 분 중 한 분인 이창재 어르신은 3년 후인 작년 11월 19일 추수감사절에 세례를 받고 주의 자녀로 거듭나셨다. CGN 다큐 〈시골 목사 전원일기〉에서 세례를 받던 성도님 중 한 분이다. 여호와 이레의 하나님을 찬양한다. 세례받고 거듭난 이창재 성도님은 매 주일 빠짐없이 하나님을 예배하는 자리로 사모하며 나오신다.

또한 내게도 이 일은 참으로 큰 축복과 은혜였다. 만약 그때, 부임해서 첫 사역으로 준비한 이 초청잔치에 많은 사람이 찾아왔다면 이후 나는 어떻게 사역했을까? 그동안 사역의 동력을 얻었다기보다는 '초청하면 온다'라고 당연하게 여기고 자만과 교만이 앞섰을 것이다. 한 영혼을 향한 간절함과 절실함이 없이, 나태해져 기도하지 않았을 것이다.

그러나 '2명'이라는 그 일 덕분에('때문에'가 아니다) 깨어 기도하지 않을 수 없었고, 더욱 하나님의 얼굴빛을 구하게 되었다. 모든 것이 '당연한 것이 아니라 하나님의 은혜'임을 절절히 깨닫게 되었고, 하나하나의 열매가 얼마나 귀한지를 깊이 느껴 앞으로 하나님이 맺게 하실 더 풍성한 열매를 바라보며 더욱 하나님의 은혜를 사모하게 되었다.

초라하고 작은 일처럼 보였던 그날의 잔치는 천하보다 귀한 한 영혼이 주께로 돌아온, 그야말로 '천국 잔치'였고, 서울 삼덕교회는 그 소중한 첫 열매를 함께 맺은 귀한 동역을 해주신 것이었다.

이후에도 삼덕교회 김웅배 목사님은 1년에 한두 차례 노방전도 사역에도 힘을 더해주셨고, 매년 성탄

절 예배에는 20여 명의 성도님들을 보내 더욱 풍성하고 기쁘고 감사가 넘치는 성탄 축하 예배를 드리게 해주셨다.

작년 김장 사역에는 도움의 손길이 절실한데 마땅히 부탁할 곳도 없었다. 그때 주님이 삼덕교회를 생각나게 하셔서 혹시나 하고 연락을 드렸더니 담임목사님과 성도님들이 직접 오셔서 400포기 배추를 함께 다듬고 절이며 김장 사역을 도와주셔서 너무도 감사했다.

보라 형제가 연합하여 동거함이 어찌 그리 선하고 아름다운고 시 133:1

다시 열정의 불씨를 당긴 협력 사역

2022년 연말에 CGN에서 제작, 방영한 〈시골 목사 전원일기〉라는 농어촌 목회 다큐멘터리에 우리 교회도 소개되었는데 그 영상을 본 서울 오륜교회에서 2023년 봄에 의료선교 및 이미용 봉사 사역을 오겠다는 연락을 해주셨다.

덕천교회로 부임한 후에 청년부 아웃리치 외에는 이렇다 할 외부사역을 한 경험이 없었고, 교회 건축과 코로나 사태로 청년부 사역마저 중단된 후로는 그럴 기회조차 없었다. 게다가 '2명'이라는 역사적 사건(?) 이후 나는 초청 사역에 대한 트라우마까지 생긴 터라 연락을 받은 후 외부사역에 대한 걱정과 두려움이 든 것이 사실이다.

사역 일정이 4월 16일 주일 오후로 결정되자 나는 지역 사람들에게 초대장을 보내며 꼭 와주실 것을 부탁하고, 수요일 섬김 사역과 전도사역 때 집중적으로 의료선교를 홍보했다. '이번에도 철석같이 대답만 하시고 안 오시는 건 아닐까?' 하고 걱정이 태산이어서 최선을 다해 교회로 초청하기에 힘쓰는 한편, 마음을 열어주시는 분은 성령 하나님이시기에 사역을 위해 작정 기도를 하며 새벽마다 간절히 부르짖었다.

사역 당일, 오륜교회 사역팀이 탄 대형 버스가 부근에 도착했다. 길이 45인승 버스가 교회까지 올 수 있을 정도는 아니어서 마을 입구에 버스를 세워두고, 봉사자분들이 몇 대의 개인 차량을 동원해 의료기구와 사역 물품을 나르며 어렵사리 들어오셨다. 그러니 '이번에도 안 오시면 어떻게 하지?' 하고 더욱 걱정되었다.

그런데 하나님이 그 일들을 변하게 하고 새 마음을 주신 것일까? 덕천리 골짝 골짝에서 무려 53명의 어르신들이 교회를 찾아오셨다. 외부 마을에서 온 분들까지 다 합치면 80명 정도의 어르신들로 교회가 북적였다. 그중에는 난생처음으로 교회에 발을 들인 분도 계셨고, 교회 가면 절대 안 된다는 영감님의 협박(?)을 뚫고 온 할머니도 계셨다.

무엇보다 감사한 것은 그 일을 통해 모두 8명의 어르신이 영접 기도를 하셨고, 그중 두 분이 교회에 나오겠다는 약속을 지켜 예배에 나오고 등록까지 하게 된 일이다.

소골마을에 사시는 어르신 한 분은 초음파 검사를 통해 편도선 쪽의 작은 암을 발견하게 되었다. 평소에 병원에 가서 검사를 받는 일은 거의 없었던 이분은 의료사역 덕분에 영양

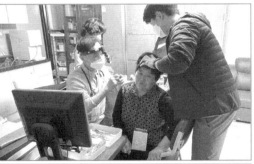

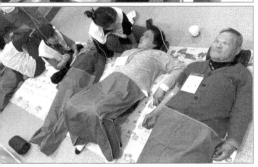

제도 맞고 이비인후과 진료도 받을 수 있었는데, 여성과 초음파 검사에서 모양이 안 좋은 종양이 발견된 것이었다.

결국 암으로 판정되었으나 다행히 초기에 발견했기 때문에 치료를 받으면 회복할 수 있다고 하여 너무도 감사했다. 바라기는 그 일을 통해 하나님의 살아계심을 경험하고 그 영혼이 주께로 돌아오는

역사가 이어지기를 간절히 소망한다.

●

사실 어쩌면 다람쥐가 쳇바퀴를 돌 듯 매주 반복되는 일상과 사역 속에서 때로는 열정도 식고 마음도 굳어져 가곤 했다. 그러다 문득 그런 내 모습을 볼 때면 하나님께 너무 부끄럽고 죄송한 마음이 컸다.

그러던 중에 방송을 통해 연결된 오륜교회의 농어촌 및 의료 사역은 하나님이 적시에 보내주신 너무도 귀하고 감사한 사역이었다. 내 마음속에 열정의 불씨를 당기기에 충분했고, 오랜 트라우마에서 벗어나 자신감을 회복하는 계기도 되었다. 이처럼 외부 교회에서 지원하는 사역 지원은 큰 위로와 힘이 된다. 산골 목회의 현실은 매 순간이 위기이고 절박함이기 때문이다.

좋은 소식을 전하며 평화를 공포하며 복된 좋은 소식을 가져오며 구원을 공포하며 시온을 향하여 이르기를 네 하나님이 통치하신다 하는 자의 산을 넘는 발이 어찌 그리 아름다운가 사 52:7

오륜교회의 협력 사역을 마친 후 폐회 예배 설교 때 이 구절로 말씀을 전했다. 좋은 소식을 전하는 발은 아름다운 발이다. 비록 몇 년 전의 초청잔치에서 2명이라는 초라한 모습에 실망도 되었지만, 그 2명을 위한 아름다운 섬김이 53명의 기적으로 이어지게 되었다. 복음을 들고 산을 넘는 사람들, 그 아름다운 발들이 기적을 일으킨 것이다.

부임 첫해 여름에는 사랑의교회 사역반에서 아웃리치를 와주었다(사랑의교회 에벤에셀 연합사역으로 영월 에벤에셀교회 중 가장 열악한 우리 교회가 선정되었다). 답사를 거쳐, 1박 2일로 어르신들 식사와 반찬 사역, 영정 사진 촬영 등 섬김 사역을 진행하기로 했는데 사역 당일에 사고가 있었다. 덕평휴게소 부근에서 뒤에 오던 차가 이분들의 차를 그대로 박은 것이다.

사고 소식을 듣고 이분들이 모여 있던 이천 신하교회로 달려가 보니 차는 폐차될 정도였지만 사람은 한 명도 크게 다치지 않아서 너무 감사했다. 트렁크에 김치를 잔뜩 싣고 오던 중이었는데 그 김치통이 에어백 역할을 해준 덕분이었다.

비록 당일, 또는 며칠 들렀다 떠났을지라도, 그동안 이렇게 많은 복음의 동역이 있었다. 좋은 소식을 전하며 평화를 공포하며 복된 좋은 소식을 가져오며, 예수 그리스도의 구원을 공포하고 하나님이 통치하신다고 말하는 복음의 사역자들을 통해서 오늘의 덕천교회가 있다는 말씀을 나누며 내 가슴은 감사로 가득 찼다.

청년들이 전해준 감동

2023년 7월 20일부터 3박 4일간 진행된 분당우리교회 2청년부의 선교 사역은 코로나 이후 재개된 여름 사역의 시작이었다. 그동안 목회를 하면서 맞이하는 몇 안 되는 청년부 사역이기에 더욱 기대되었다.

사실 목회하면서 누군가 사역을 오는 것만으로도 감사하다. 사역을 오는 그 자체로 힘이 되기 때문이다. 특히 청년들의 열정을 통해서 많은 힘을 얻는데, 그들이 와서 무엇을 한다기보다 그저 함께한다는 것, 우리와 같이하는 그들의 존재만으로도 큰 위로가 된다.

분당우리교회 2청년부 중 다윗과 느헤미야 두 부서가 우리 교회에 배정되어 40명이 넘는 청년들이 방문하였다. 명장 밑에 졸장 없다더니 분당우리교회 청년부 사역은 그야말로 감동과 은혜의 사역이었다. 사역의 핵심은 마을 전도와 초청잔치였다. 선발대가 먼저 교회에 도착했을 때 그들이 얼마만큼 기도로 열심히 준비했는지를 알 수 있었다.

무엇보다도, 복음을 전할 대상자 전부를 파악해 지도를 만들어 온 것을 보고 놀라움을 금할 수 없었다. 그들이 한 번도 와보지 않았던 지역이고 내가 알려주지도 않았음에도, 마을별로 가구 수를 파악하고 전도할 동선을 계획하여 마을별 전도 지도를 만든 것을 보고 '그것을 파악하고 준비하는 데 얼마나 기도를 심었을까' 하는 생각에 감동 그 자체였다.

●

선교 당일, 청년들은 각자의 직장에서 업무를 마친 후 45인승 버스에 짐을 한가득 싣고 달려와 늦은 밤 11시에 마을 입구에 도착했다. 버스가 교회까지 올 수 없어서 여러 대의 차로 나눠서 들어왔다. 몸도 피곤하고 멀미로 많이 힘들 텐데도 누구 하나 힘든 내색 없이 밝음 그 자체였다.

다음 날이 밝자 전도팀은 이미 준비한 전도 지도를 가지고 따로 설명할 필요 없이 뿔뿔이 흩어져서 축호 전도를 시작했다. 각자가 맡은 전도 대상자들에게 복음을 전할 뿐 아니라 다음 날 있을 마을 천국 잔치에 초대하고, 잔치 당일에는 다시 가서 직접 모시고 오기로 계획했다고 한다.

그 계획에 따라 청년들은 참 열심히도 복음을 전하며 섬기기 시작했다. 매몰차게 냉대하는 어르신도 계셨고 따뜻하게 맞이하는 어르신들도 계셨다며, 최선을 다해 잔치에 초대했다고 말했다.

다음 날 전도팀은 어제 초대한 분들을 모시러 갔고, 선교팀과 나는 긴장되는 마음으로 마을잔치를 준비했다. 여전히 나는 '초대 받은 분들이 잔치에 많이들 오셔야 할 텐데…' 하고 걱정이 되었다. 오륜교회 의료 사역에 53명이 오시긴 했지만 그때는 의료 사역이라는 특수성이 있었기에, 단지 공연과 식사만 준비한 이번 잔치에 몇 명 안 오시면 어쩌나 하는 생각을 떨치기 힘들었다.

시간이 다가올수록 깊어지는 긴장감 속에 마침내 초대한 시간 11시가 되었다. 그런데 걱정은 기우에 불과했다. 뿔뿔이 흩어져서 어제 전도한 집에 직접 모시러 간 전도팀원들이, 놀랍게도 한 분 한 분 모시고 오는 것이 아닌가? 어느덧 예배당은 40여 명의 어르신들로 가득 찼다.

하나님이 하셨다! 기도로 심었고, 지나치다 싶을 정도로 복음을 전하기 위해 준비한 지도만큼이나 하나님은 세밀하게 일하셨다.

어르신들은 청년들이 준비한 공연과 연극, 찬양, 율동을 보고 들으며 시간 가는 줄 모르고 마음껏 웃고 즐거워하셨다. 한 어르신은 누가 시키지도 않았는데 그동안의 고마움을 꼬

불꼬불한 글씨로 담은 편지를 읽기 시작하셨고, 함께한 모두
가 눈물바다가 되었다. 너무도 감사한 감동의 시간이었다.

●

위기도 있었다. 마을잔치가 한창이던 토요일 정오쯤 수도가
끊기는 사태가 벌어진 것이다. 마을 수도가 고장 났는데 우리
는 저장된 물을 다 써버린 상황이라 한 방울의 물도 나오지
않게 되었다.

마을잔치는 은혜 가운데 잘 마쳤지만 그다음 일이 문제였
다. 다음 날 주일예배와 뒷정리, 당장 저녁부터 씻을 물, 화장
실 등 문제가 한두 개가 아니었다. 그럼에도 누구 하나 불평
하지 않는 청년들의 모습을 보며 분당우리교회의 제자훈련

과 청년부 교역자들의 양육에 다시 한번 감사함을 느끼지 않을 수 없었다.

부랴부랴 달려가, 잔치에 참여하신 마을 이장님과 반장님께 도움을 청했지만 다음 날이 주일이라서 수도공사는 월요일 오전이나 되어야 가능하다고 했다.

그때 선교팀에서 아이디어를 냈다. 이곳이 아프리카라고 생각하고, 다른 마을에서 공수해 온 물 200리터를 가지고 개인당 씻는 물을 두 바가지씩으로 제한하기로 하였다. 아프리카에서 선교하는 것 이상으로 어려움이 있었지만 두 바가지의 물에 감사하는 청년들의 모습에 고마울 따름이었다.

그렇게 하루가 지나고 다음 날 주일예배가 시작되었다. 성령 하나님의 임재 속에 찬양하며 은혜가 충만한 예배를 드리고 있었다. 그러다 한 자매의 사역 간증을 듣고 있는데 어디서 이상한 소리가 들리기 시작하는 게 아닌가?

강대상에서 처음 이 소리를 들을 때 나는 '자매가 간증할 때 누군가 효과음을 내고 있는 건가?'라는 생각을 하기도 하였다. 그런데 그 소리는 배관을 타고 물이 들어오는 소리였다. 월요일이나 되어야 공사를 시작할 수 있다고 했는데 토요일 늦은 밤에 수리가 되어 밤새 저장한 물이 다시금 나오기 시작한 것이었다.

예배 도중에 우리는 환호하였다. 어쩌면 작은 일이고, 우연으로 여기거나 혹은 당연하게 생각할지도 모르지만, 믿음의 눈으로 볼 때 이것은 하나님이 일하신 것이 분명했다.

예배를 마친 후, 다시금 펑펑 쏟아지는 물 덕분에 모든 사역이 깨끗하게 마무리될 수 있었다. 이것 또한 하나님이 일으키신 또 하나의 기적이다.

청년들이 사역을 마치고 돌아간 다음, 월요일에 마을을 돌며 어르신들이 노인 일자리 하시려고 모여 있는 곳에 잠시 들렀다. 내가 도착하기 전부터 어르신들은 그 청년들을 칭찬하며 주말 마을잔치에 대한 이야기보따리를 풀고 계셨다. 좀처럼 웃을 일이 없었는데 맘껏 웃고 울고 하셨다며 눈시울을 붉히기도 하셨다. 오랜만에 덕천교회 담임목사의 어깨가 조금은 올라가는 뿌듯한 시간이었다.

●

생각지도 못했는데 한 주 뒤 더 깊은 감동이 있었다. 여름 선교 사역 중에 청년부에서 컨테이너 박스에 사시는 한 할머니 성도님의 사정을 알게 되었는데, 12명의 청년이 다음 토요일에 새벽같이 출발하여 다시 교회에 달려와 준 것이다.

할머니는 컨테이너에 살고 계신 중에 싱크대 수도가 파열

되어 방바닥 전체에 물이 찼지만, 본래 소아마비도 있으셔서 불편한 몸으로는 도저히 고칠 수도 없고 처한 상황을 개선할 힘도 없으셨다. 오로지 나와 아내의 몫이었다. 그런데 우리가 직접 도움을 요청한 것도 아닌데 청년들이 마음을 모아 함께 청소하고 고쳐드리려고 그 먼 길을 새벽같이 달려온 것이었다.

찌는 듯한 무더위에 작은 컨테이너 안의 상황은 그야말로 쑥대밭과도 같았다. 깔고 주무시는 전기장판 밑은 온통 물로 가득했고, 온갖 잡동사니가 안에서 젖고 썩어 있는 상태였으며, 곰팡이 냄새가 코를 찔렀다.

우리는 마치 작전을 실행하듯 일사불란하게 움직였다. 일단 모든 짐을 다 밖으로 내어서 버릴 것은 버리고 씻어서 쓸 것은 따로 분류했다. 짐을 다 꺼내고 장판을 들어내자 드러난 바닥은 말로 표현할 수조차 없었다. 냉장고 밑에는 쥐가 죽어서 썩어 있고, 싱크대 아래는 온통 벌레투성이였다.

내가 고장 난 싱크대 배수관 호스를 교체하고 수리하는 동안 아내와 청년들은 역할을 나누어서 쓸고 닦고, 씻고 빨기 시작했다. 9시쯤 시작된 일은 2시까지 쉴 없이 이어졌다. 다행히 어느 정도 정리가 되었으나, 온통 땀 범벅이 된 청년들은 식사도 제대로 하지 못하고 일을 마무리하게 되었다.

일을 모두 마치자 "우리 집이 이렇게 큰지 몰랐네"라며 할머니는 연신 고맙다고 눈시울을 붉히셨다. 기도로 마무리하고 늦은 점심을 간단히 해결한 후, 미처 고맙다는 인사도 제대로 하지 못한 채 청년들을 돌려보내야 했다. 너무나 고맙고도 미안한 마음이었다.

참 너무도 귀한 사랑을 받았다. 먼저는 모든 감사와 영광을 하나님께 올려드리고, 분당우리교회 2청년부의 귀한 섬김과 사랑에 감사의 마음을 전하며 이찬수 담임목사님에게도 감사의 말씀을 드리고 싶다.

최고의 동역자, 아내

우리 교회를 찾아온 사람들은 세 가지에 놀란다. 첫 번째는 이런 오지가 있다는 것, 두 번째는 이런 오지에 교회가 있다는 것, 그리고 세 번째는 이런 교회에 젊은 목사 부부가 사역한다는 점이다. 이런 시골교회는 은퇴를 얼마 남기지 않은 연로한 목사님들이 사역하신다고 생각하는 사람이 많은 것 같다. 그나마 40대 초반의 젊은 부부지만, 젊다 해도 산골 목회가 그리 쉬운 것은 아니다.

한소망교회에서 청년들이 왜 덕천리에 열광하는지 궁금해하는 분들이 있었다. 내가 드릴 수 있는 첫 번째 답은 아름다운 별이다. 말 그대로, 별이 쏟아진다. 별이 예쁜 이유는 다른 것 없다. 공기도 좋지만 다른 불빛이 전혀 없기 때문이다. 세상이 온통 캄캄한 데서 보는 별은 아름답기 그지없다. 두 번째는 청년들이 얼음골이라 명명한 용수골 계곡의 물이다. 한여름 더위를 시원하게 날리는 차가운 지하수가 땅속에서 솟구친다.

아름다운 동강과 백운산 칠족령 끝자락에 위치한 등산로, 아름다운 산세, 버스도 택배도 오지 않는 오지만의 조용하고 시골스러움이 매력인 이곳은 대도시 청년들이 1주일 사는 데 환경적으로 고통은 있지만 남다르고 특별한 추억의 현장이다. 그들은 1주일 후에 대도시의 문화와 환경이 기다리는 곳으로 돌아갈 수 있지만 우리는 여전히 이곳에 남겨져 있음이 다를 뿐이다.

"와, 여기는 3일짜리네."

우리 교회를 처음 방문한 어떤 분이 차에서 내리며 한 말이다. 3일은 그런대로 경치도 좋고 공기도 좋지만, 그 이상은 사람 살 곳이 아니라는 것이다.

공감하면서도 한편으론 씁쓸했다. 그런 곳에서 사는 것은 정말 쉬운 일이 아니고, 다니러 오는 것과 살아가는 것은 별 개이기 때문이다. 3일짜리 동네에서 살아가려면 참 많은 것을 참고, 견디고, 포기해야 한다.

각자 개인의 인생에서 참고 포기하고 내려놓아야 할 것이 너무도 많다. 그 흔한 버스도 없고 택배도 오지 않는 곳, 저녁에 야식으로 배달 치킨의 유혹을 참고 버텨야 하는 일상적인 것들은 여러 가지 상황을 초래하기 마련이고, 이런 작은 일들이 사소한 다툼이 될 때가 있었다.

그러니 어떻게 좋은 일만 있었겠는가. 우리 부부가 언제나 밝게, 사이좋게만 지낼 수 있었을까? 그렇지 않다. 때로는 싸우기도 하고, 토라져 몇 시간이나 대화를 안 한 적도 있다. 아내가 더욱 힘들다는 것을 머리로는 이해하지만, 나 역시 적응하기 힘든 환경에서 애써 견디고 참는 과정이라 나도 힘들다는 핑계로 참지 못할 때가 있었다.

어느 날 아내와 크게 다투었다. 아내는 일방적으로 혼났다고 주장하지만 아주 사소한 일로 벌어진 부부싸움이었다. 아내의 눈에서 눈물 나게 만들어버린 상황에서 그녀는 어디론가 사라져버렸다.

시간이 조금 흐른 뒤 아내를 발견했을 때, 내 가슴이 무너져 내렸다. 아내는 멀리 가지도 못하고 예배당 입구에 있는 유일한 창문 앞에서, 밖에 있는 절벽과 같은 산을 바라보며 울고 있었다.

버스라도 있으면 타고 친정집이라도 갔을 텐데, 차라도 운전했으면 며칠이라도 떠났을 텐데 무서운 산길을 운전하기도 어렵고 어디론가 갈 수도 없는 상황에서 고작 간다고 간 곳이 몇 발짝 앞에 있는 교회 입구였던 것이다.

여름이면 더위와 쥐와 뱀에 시달리고, 겨울에는 추위와 고립에 힘들고, 사역으로는 온갖 설거지, 청소, 빨래, 반찬 사역의 전반적인 모든 것을 감당하던 아내가 아닌가. 그런 아내를 더 힘들게 했다는 자책이 들면서 너무 미안해서 쥐구멍에라도 들어가고 싶었다.

●

나는 외부사역을 한다고 나갈 때는 언제나 아내를 사택 안에 남겨두고 오래된 나무 대문을 밖에서 열쇠로 잠그고 다니곤 했다. 겨울에 나갈 때는 눈이 와서 며칠씩 고립되기도 하고, 혼자 있는 아내를 걱정하며 무리하게 들어오다가 차가 산길에 미끄러져서 대형 사고로 이어질 뻔한 적도 있었다.

12월 초였다. 평소처럼 아내를 교회에 혼자 두고 영월의 한 교회로 예배당 보수 일을 도와주러 갔는데 오전에는 날씨가 좋더니 점심 먹을 때쯤 눈발이 날리기 시작했다. 눈이 오기 시작하면 고립되는 것은 시간문제였다. 지금 출발하지 않으면 며칠을 꼼짝없이 아내 혼자 교회를 지켜야 했다.

지체할 수 없어서 함께 일을 돕던 목사님들에게 양해를 구하고 교회로 차를 돌렸다. 교회까지 1시간 거리인데, 서둘러 출발했지만 가는 동안 점점 눈이 쌓이기 시작했다. 우리 동네 마을 길은 이미 위험천만한 상황이 되었음이 짐작되었다.

산을 넘고 또 넘어서 마지막 마을 정상에 있는 서낭당에 이르렀다. 그나마 오르막길은 그런대로 올라갈 수 있었는데 문제는 내리막길이었다. 서낭당을 돌아 내려가려는 순간, 그대로 차가 미끄러지기 시작했다. 4륜구동도 아무 소용 없이 무섭게 미끄러져 갔다.

딱 차폭만큼의 좁디좁은 그 길 끝은 낭떠러지였다. 이대로 가다간 낭떠러지로 떨어질 것이 분명했다. 세울 방법은 차가 찌그러지더라도 산에다 들이박는 것밖에 없었다. 그렇게 미끄러지며 계속해서 산으로 박고 또 박고 하다 보니 어느 순간 차는 그대로 90도 돌아 가드레일과 산 사이에 끼며 멈추었다. 식은땀이 흘렀다.

차는 간신히 멈춰 세웠지만 다시 운전해 내려가는 것은 무모해 보였다. 조심조심 차를 돌려 서낭당 정상으로 다시 올라와서 그곳에 세워두고 30분 정도 걸어서 교회에 도착했다.

이 길에 어떻게 왔냐며 놀라는 아내에게 사고를 말해주고, 떨리는 마음을 하루의 마무리 기도로 진정시켰다. 그 후 6일이 지나고서야 차 있는 곳으로 갈 수 있었다.

눈이 오면 기본 며칠씩 고립되는 상황이 우리에겐 쉬운 문제가 아니었다. 그런 일이 있고 나면 '다시는 아내에게 뭐라 하지 말아야지' 마음먹지만 그게 어디 쉬운 일이겠는가! 주님의 긍휼하심을 간구할 뿐이다.

●

하나님이 붙여주신 귀한 동역자들이 산을 넘어 덕천교회에 와주시지만, 누가 뭐라 해도 최고의 동역자는 바로 내 사랑하는 아내 박영화 사모다. 사실 모든 사역의 90퍼센트 이상이 아내의 동역으로 이루어진다. 때로는 지쳐 쓰러져 있는 나를 하나님은 아내를 통해 위로하신다.

… 나의 사랑, 내 어여쁜 자야 일어나서 함께 가자 아 2:10

아내는 그동안 신학과 목회의 길에서 늘 내게 일어나라고 말해주고, 함께 가자고 일으켜주었다. 지금도 변함없이 나를 지지해주고 붙잡아주고 이끌어준다. 때로는 나의 못난 성품 때문에 도저히 나아갈 수 없을 때도 아내는 함께 가자고 격려하며 먼저 일어난다. 그 바람에 나도 붙어있던 엉덩이를 떼고 조금씩 일어나려고 하는 것 같다.

얼마 전에는 한 할머니 성도님이 더는 교회에 오지 않겠다고 하셨다. 교회에 처음 오신 어르신들께 선물로 나눠드린 영양 크림이 화근이었다. 자신만 빼고 다른 사람들에게 줬다고 오해하신 할머니는 내가 아무리 설득하고 영양 크림을 더 갖다 드리며 화를 풀어드리려고 해도 완고하게 거절하셨다.

그렇게 주일이 지나고 그다음은 아내의 몫이었다. 다음 날 곧장 아내와 함께 그 할머니 댁을 방문했다. 나는 기도하며 밖에서 기다리는데 아내가 안에 들어간 지 5분도 안 되어 환하게 웃는 성도님과 함께 나왔다.

어떻게 그새 성도님의 마음이 풀렸는지 너무 궁금해서 "어떻게 풀어드렸어?" 하고 물으니 아내는 생긋 웃으며 말했다.

"거봐요, 목사님보다 내가 어머니들하고는 더 친하다니까?"

아, 이 여인 없이 내가 혼자 어떻게 이 길을 갈 수 있을까!

가족의 동역

하나님이 붙여주신 또 다른 동역자는 바로 나의 처제이자 아내의 친동생이다. 아내를 통해 처가에서 두 번째로 예수를 믿고 믿음의 자녀가 되었다. 오래전 우리가 신혼일 때 언니를 따라 교회에 다니다 학습을 받았지만 이후 오랫동안 믿음을 떠나 살다가 덕천교회에 등록을 하고 내게 세례를 받았다.

지금은 서리 집사로 임명받은 후 수년째 주일 식사 준비와 반찬 사역에 동역하고 있다. 너무도 감사한 일이다. 처가의 모든 가족이 예수님을 믿어 천국 가족으로 변화될 줄 믿고 바라며 기도하고 있다.

솔이와 병권이도 최선을 다해 매 주일 사역을 도왔다. 지금은 직장과 대학 생활로 주말과 방학 중에 와서 돕고 있지만, 부임 초기에는 주말마다 와서 솔이는 엄마의 반찬 사역과 주보 작성을, 병권이는 차량 운행과 예배 방송과 자막 등 힘이 필요한 여러 가지 일을 기쁨으로 도왔다.

좋으신 아버지 하나님은 우리가 부임한 지 1년이 지났을 때 그분의 '특별한 보너스' 율이를 보내주셔서, 포기하지 않고 나아가는 우리에게 그분의 크신 은혜로 갚으시고 두 배로 채워주셨다. 우리 가정에 19년 만에 태어난 셋째 율이는 존재 자체로도 사랑스럽고 귀하고, 외로운 우리의 사역에 큰 기쁨이 되어주기도 했지만, 저출산으로 나라가 위기에 놓인 이때, 셋째 아이에게 주어지는 혜택으로 우리 가족의 삶의 질을 높이는 좋은 기회까지 얻게 했다.

처음 덕천교회로 부임해보니 교회에 재정이 없었다. 몇 군데 교회에서 선교비로 지원되는 월 60만 원과 어르신 성도님들이 드리는 월 몇만 원의 헌금이 전부였다. 그 돈으로 어렵게나마 사역을 해나갔다. 사역의 어려움에는 여러 가지가 있지만 사실 재정의 어려움으로 힘을 잃을 때가 가장 많다.

그런데 율이를 낳은 달부터 출생아 장려금, 셋째아 지원금, 자녀 양육비 등이 나와 모두 합하니 매월 70만 원의 혜택이 주어지는 것이 아닌가? 덕분에 우리 교회 재정은 60만 원에서 130만 원이 되었다. 할렐루야!

율이가 태어난 후 지원되던 육아수당, 양육수당은 만 4세가 되는 2023년 5월 25일로 끝났지만, 그동안 후원금보다 더 많았던 월 70만 원의 재정은 꼭 필요한 곳에 요긴하게 쓰이며 우리 가족의 삶과 사역에 너무도 큰 도움이 되었음을 하나님께 감사드린다.

●

나는 목사이기 이전에 한 가정의 가장이고 아빠이고 남편이다. 주의 일에 '주님을 위하여'라고 본질을 붙들고 사역한다고 하지만, 때로 자녀들의 현실을 볼 때면 마음이 무너질 때가 있음을 고백한다.

우리가 덕천교회로 들어간 해에 고3이던 첫째 딸 솔이는 하나님이 주신 꿈대로 간호사가 되어 서울의 한 병원에 취업

했다. 속 깊은 딸 솔이는 그동안 병권이와 함께 덕천교회의 사역을 열심히 돕는 것은 물론, CGN의 〈어메이징 그레이스〉라는 프로그램에서 영상 편지를 통해 우리 부부를 격려하고 응원할 만큼 자랐다.

"(힘들었지만) 그 와중에도 웃음이 나고 행복했던 기억들이 있어서 소중한 교회이고, 엄마 아빠를 하나님이 이렇게 사용하시려고 여기로 부르신 것 같은 생각이 들었어. … 어려움도 있고 힘든 일도 있었지만 묵묵히 견뎌내는 엄마 아빠가 너무 존경스러워. 그동안 너무 수고 많았어."

그런 솔이를 볼 때면 너무나 고맙고 대견하면서도, 무엇하나 디딜 언덕이 되어줄 수 없는 아빠의 현실이 참 아프고 아련하다. 부모님에게 비행기 여행을 시켜주겠다던 둘째도 그 꿈대로 항공 관련 대학에 진학했으나 대학 학비로 전전긍긍할 때면 내 마음이 무겁다.

율이가 있어 우리 부부의 적막한 산골 생활에도 활기가 돌고, 내가 사역을 나가 있어도 아내가 외롭지 않은 것은 너무 감사하지만, 이제 만 네 살이 된 막내 율이가 친구 한 명 없이 혼자 노는 것을 볼 때면 마음이 무너진다. 어린이집에 등원을 시도하고 있지만 한 시간 거리에 차량 운행이 불가한 지역의 현실이라 아이도 적응하기가 너무 어려운 상황이다.

올봄에 막내 율이가 감기 걸렸는데, 내가 사역한답시고 바빠서 병원 진료를 며칠 미루다 결국 폐렴으로 원주 세브란스 병원에 입원 치료하게 된 적이 있다. 그런 일들을 겪으면서 '무엇이 중한가?' 하고 마음이 복잡해지기도 했다. '왜 그런 일이 없겠는가' 싶다가도 몸은 천근만근으로 지쳐간다.

그러나 확실히 아는 것은 모든 것이 합력하여 선을 이루게 하시는 하나님이 내 아버지시라는 것이다. 나는 내 삶과 사역 속에서 하나님의 임재하심과 역사하심을 보는 은혜를 누렸다. 모든 일 속에서 하나님의 일하심을 경험하고 목도하는 복을 누렸다. 이것이 얼마나 큰 은혜이고 복인가!

우리가 알거니와 하나님을 사랑하는 자 곧 그의 뜻대로 부르심을 입은 자들에게는 모든 것이 합력하여 선을 이루느니라 롬 8:28

여전히 합력하여 구원의 선을 이루시는 하나님을 찬양한다. 하나님의 섭리 가운데 믿음으로 순종하여 끝까지 인내하며 승리의 삶을 살기를 간절히 소망한다.

CHAPTER

한 영혼
이야기

7

저 입을 닫게 해주옵소서

주님이 찾으시는 잃어버린 한 영혼! 그것이 우리 사역의 전부다. 예수님을 모르는 영혼이 복음을 듣고 예수님을 영접하고 천국 백성으로 살아가는 것은 기적 중에 최고의 기적이다.

덕천교회에 부임하고 한 영혼의 가치에 대해 깊이 고민하게 된 일이 있다면 바로 '최씨 할머니'일 것이다. CGN 다큐 〈시골 목사 전원일기〉에서 많은 사람에게 울림을 주었던 부분도 그 부분이 아닐까 싶다.

처음 부임했을 당시는 한 주 한 주가 마지막인 것처럼 위태롭게 마지막임을 예고하셨던 최씨 할머니. 젊어서부터 산을 믿었다고 하신 할머니는 그래서인지 교회라고 하면 손을 내저으셨고 목사는 더더욱 싫어하셨다. 그나마 전임 목사님이 계속 복음을 전하고 사랑으로 섬겨주셔서 교회로 인도하셨다.

할머니를 처음 본 것은 부임해서 인사하러 댁으로 찾아갔을 때였다.

"어머니, 덕천교회로 새로 부임한 목사예요. 최기수 목사라고 합니다."

"최씨요?"

"네."

"나는 강릉 최가인데요."

"저는 경주 최가예요."

"우리 큰집일세. 나는 세상에서 최씨가 제일 좋아요. 전에 목사님은 이씨였고, 최씨 목사님이 왔으니까 교회 가봐야겠네."

이렇게 시작해서 교회로 나오게 되셨다. 전임 목사님이 가시면서 그 할머니는 너무 어렵다고 말씀하셔서 한편으로는 걱정도 되었지만 그래도 최씨라는 연관성이 있어서 첫 단추는 성공적이었다고 자평해보았다.

그런데 첫 단추가 너무 순조로웠던가? 예배에 나온 할머니는 전임 목사님 말씀대로 너무 어려운 분이었다. 설교 중에 자꾸 "그런 게 어디 있어", "목사님 거짓말하시네"라며 구시렁구시렁 혼잣말을 하셨다. 한마디로 못 믿겠다는 거였다. 예배 중에는 조용히 하셔야 한다고 말씀드려도 그때뿐이었다.

문제는 예배를 마칠 때였다. 축도를 마치면 나는 혹시나 예배당에서 주방으로 올라가는 계단에 뱀이 나오지 않았나 확인하러 제일 먼저 뛰어나갔고, 뱀이 나와 있으면 신발 집는 집게로 잡아서 멀리 던져버리곤 했다. 할머니들이 먼저 나가다가 혹시라도 뱀을 만나면 그다음 주에는 안 나올 게 불 보듯 뻔했기 때문이다.

그렇게 먼저 나가 있으면 꼭 최씨 할머니는 큰소리로 "목사님! 나 다음 주부터 안 나와요. 다음 주부터 태우러 오지 마세요. 교회 오니까 허리만 아프고…" 하며 나오시곤 했다.

이 말은 매주 예배가 끝날 때마다 반복되고, 다른 할머니들에까지 전염되었다. 수십 명 수백 명도 아니고 6명이 전부인데 다들 "그럼 나도 뭐…", "목사님이 태우러 오시기 힘드신데 나도…" 하시면 가슴이 후벼파이는 듯했다.

최씨 할머니는 그래놓고 그다음 주에 나오셔서 그 말을 녹음기 틀어놓은 듯 또다시 반복하곤 하셨다. 그래서 할머니를 따로 불러서 좋아하시는 파스나 판피린 같은 것을 드리며 "어머니, 그렇게 말씀하시면 제가 마음이 너무 아파요"라며 사정도 해보았지만 보통 문제가 아니었다.

때로는 화도 나고, "네, 다음 주부터 나오지 마세요"라는 말이 목구멍까지 올라오기도 했지만, 그때마다 떠오른 게 주님이 그토록 찾으시고 아끼시는 '구원받을 한 영혼'이라는 개념과 "내 양을 먹이라"라는 주님의 말씀이었다. 말씀을 묵상하고 나면 '그래, 내가 더 섬겨야지…' 하면서 기도하게 되었다.

"하나님, 저 불쌍한 영혼을 책임지시고, 저 입을 닫게 해주옵소서. 저 입을 꿰매주옵소서."

기도하며 더욱 섬겼다. 하지만 섬기면 섬길수록 좋아져야 하는데 그럴수록 오히려 나를 더 힘들게 하셨다.

기도한 대로 바꿔주시다

그러던 어느 날, 주일 차량 운행을 하는데 할머니가 보이지 않았다. 나는 8시 30분에 교회에서 출발하여 성도들을 태우고 한 10시 10분쯤 교회로 돌아온다. 최씨 할머니 댁에는 9시 30분에 도착하는데 꼭 시간이 되면 일찍 나와서 기다리던 할머니가 그날은 나오지 않으셨다.

그냥 지나가고 싶은 마음이 굴뚝 같았다. 오늘도 변함없는 말로 내 가슴을 후벼팔 것이 분명했기 때문이다. 그래도 차를 세우고 먼저 탄 할머니들에게 양해를 구하고 그 집에 들어가 보았다. "어머니!" 하고 불러도 대답이 없고, 전화해도 받지 않으셨다.

인기척은 없지만 왠지 안에 계실 것 같아서 안방 문을 여는 순간 잠시 움찔했다. 방 안에 지린내가 진동하고, 방바닥은 온통 오줌으로 흥건했다. 누워계시던 할머니가 기운 없는 목소리로 "목사님, 오줌이 안 멈춰요"라고 하셨다.

다가가 확인해보니 눈이 거의 풀리셨고, 일어날 힘도 없이 탈진한 상태였다. 누워계신 이불은 오줌으로 질퍽했고 방 한쪽에 놓고 요강 대신 사용하던 밥솥 내피는 오줌이 흘러넘쳐서 교회 달력으로 덮어놓고 있었다.

병원에 가야지 왜 이러고 계시냐고 하니 쑥으로 좌욕을 했는데 안 낫는다는 것이었다. 혼자서 병원에 가려니 엄두가 나질 않고 민간요법으로 나름 치료를 하고 계셨던 모양이다.

"아프면 저한테 전화라도 하지 그랬어요."

"목사님 강연하시는데 힘들게 해서, 미안해서 전화를 못했어요."

그 순간 나는 이 영혼을 하나님이 만지실 것이라는 확신이 들었다. 오줌이 질퍽한 이불 위에 무릎을 꿇고 할머니 머리에 손을 얹고 간절히 기도했다.

"하나님! 이 불쌍한 영혼을 회복시켜주옵소서! 우리 교회 일꾼으로 세워주옵소서!"

기도를 마치고 119를 불러 할머니를 먼저 태워 보냈다.

"어머니, 119 타고 병원 가 계시면 예배 마치고 갈게요!"

예배 후 아내와 함께 할머니 댁에 가서 청소와 빨래를 하고 나서 병원으로 갔다. 담당 의사 선생님이 조금만 늦었으면 큰일 날 뻔했다고 하셨다. 영양부족도 있고, 신우신염으로 방광에 염증이 심해 소변 조절을 못 하게 된 데다 그로 인해 탈수 상태가 지속되어 위험했다는 것이다.

1주일 후 퇴원을 도와드리러 병실을 찾으니 할머니가 나를 보자마자 눈물을 글썽이며 내 두 손을 잡고 이러시는 게 아닌가!

"목사님한테 신세를 졌어요. 신세를 갚아야 하는데 다른 걸로는 못하고 목사님이 예수 믿는 거, 교회 나오는 거 좋아하니까 앞으로 교회 빠지지 않고 나갈게요."

그 후로 이분은 덕천교회 성도가 되었다. 모든 예배를 군소리 없이 잘 드리셨고, 매주 반복하던 말도 온데간데없이 사라져버렸다. 하나님이 그 입을 닫아주신 것이다. 기도한 대로 만져주시고 회복시키시고 세워주셨다.

그리고 할머니는 내가 담임목사가 되어 첫 번째로 세례를 베푼 사람이 되었다. 나무를 섬기고, 교회에 나오면 매번 방해하던 분이 예수를 믿고, 그 사랑을 깨닫고, 세례를 받고 거듭나게 되었다. 이것이 하나님이 일으키신 은혜의 기적이다.

세례를 받고서 할머니는 "이제야 사람이 된 것 같네"라고 하셨다. 그동안 힘겹게 살아오면서 사람답게 살아보지 못했는데 이제야 사람 대접받는 것 같다고 하셨다.

"예수님 믿는 게 이렇게 좋은 것을…."

그 말에 너무도 깊은 울림이 있었다. 예수님을 믿어야 진정한 사람이 되는 것이다! 사람답게 회복하는 유일한 길, 예수 그리스도! 나 역시도 다시 한번 깨닫게 되었다. '그 사랑 안에 거할 때 비로소 내가 이렇게도 귀하고 특별한 존재임을 깨닫는 거구나!'라는 것을.

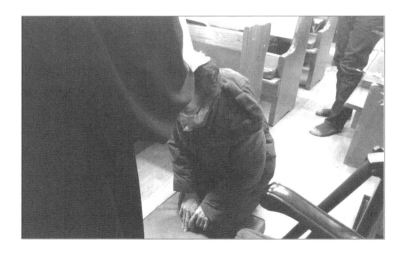

너무도 그리운 목소리

차량 운행할 때 할머니는 같은 최씨인 목사를 사랑하셔서 항상 길모퉁이에서 빼꼼히 쳐다보고 계셨다. 그러다가 교회 차가 집 앞 도로에 도착하면 쏙 들어가 버리신다. 그것은 "목사님 들어오세요"라는 사인이었다.

다른 할머니들은 왜 나와서 기다리지 않고 저러냐고 투덜대곤 하셨지만 나는 그 사인이 너무도 좋았다. 들어가면 할머니는 항상 베지밀을 준비해두고 계셨다. 추운 날에는 이부자리 밑에 베지밀을 넣어두셨다가 "목사님 이거 드시고 가세요"라며 전해주곤 하셨다.

지금도 그때 일을 생각하면 참 아련하고 눈물이 난다. 그 사랑이 얼마나 진하던지…. '우리 목사님'이라고 인정해주시고, "나는 예수님 믿는 게 너무 좋아요", "목사님이 잘 가르쳐 줘서 고마워요" 하실 때는 그동안의 고생을 보상이라도 받는 느낌이었다.

할머니는 성경 공부, 한글 공부 등 모든 교회 사역에 빠짐없이 참석했고, 한글도 몇 년 만에 점차 조금씩 깨우치기 시작하셨다. 치매라는 병이 오기 전까지 할머니는 열심히 믿음 생활을 하셨다.

　부임한 지 어느덧 4년째 되던 2021년 초였던 것 같다. 할머니가 조금씩 이상한 얘기를 하기 시작하셨다. 빼다지(서랍을 뜻하는 강원도 사투리)에 1억이 있는데 손자가 훔쳐 갔다는 거였다. 또 수요일마다 반찬을 드리러 집에 찾아가는데 어떤 날은 순간순간 나를 알아보지 못하시는 것 같았다.

　조금씩 이상함을 느꼈는데 그 정도는 점점 심해져 갔다. 빼다지에 있는 1억은 변함이 없는데 어떤 날은 손자, 어떤 날은 어떤 여자, 어떤 날은 대통령이 훔쳐갔다고 내용이 변하는 것이었다. 이해가 되지 않았지만 나는 그것이 치매라는 사실을 전혀 모르고 있었다.

　부임해서 4년이 될 동안 어르신 두 분이 소천하셨고, 한 분은 자녀들이 경기도에 있는 요양원으로 보내셔서 이곳을 떠나셨다. 한 분을 보내고 나서 찾아오는 상실감은 이루 말할 수가 없다. 그래서 치매가 아니길 바랐다. 그저 돌아가시기까지 같이 예배드리고, 베지밀도 준비해주시고, 한글 공부와 성경 공부도 오래도록 같이하시기를 바라는 마음이었다.

최씨 할머니가 유일하게 전화하는 곳은 내가 번호를 저장해둔 내 핸드폰이었다. 치매가 오기 전에도 할머니는 하루에 몇 번씩 전화를 걸곤 하셨다.

"목사님, 건강하셔야 돼요." 뚝.

다시 걸려온 전화, "목사님 힘내세요." 뚝.

수줍은 아이가 전화하듯이 그저 자신이 할 말만 하고 바로 전화를 끊어버리곤 하셨다. 많을 때는 하루에도 10번 넘게 전화를 하셨다. 목사를 향한 애틋한 고백이었다. 그때는 몰랐지만 지금은 그 목소리가 너무도 그립다.

할머니는 주중에 조금 이상하시다가도 희한하게도 교회만 오시면 아무렇지 않으셨다. 하지만 그것도 잠시, 상황은 몇 개월 만에 점점 더 악화되었다.

주중에 상태도 확인할 겸 평소 좋아하시던 떡을 싸서 찾아뵙곤 했는데, 그날은 할머니가 방에 들어가지 않고 헛간에 계셨다. '빼다지에 있는' 있지도 않은 돈을 지키려고 보초를 선다는 것이었다. 무엇을 먹지도 않고, 깡마른 상태에서 며칠째 방에 안 들어가고 거기 계셨던 듯했다.

"어머니, 왜 여기 계세요?"

"여기 내 집 아니에요. 여기 돈 없어요."

나를 못 알아보시는 할머니는 여기는 자기 집이 아니라고 하셨다. 자기도 여기 놀러왔기 때문에 이 집에는 돈이 없다고 하시는 듯했다. 이대로는 안될 것 같았다. 그때 옆집에 사시는 할아버지가 오셔서 "저 할머니 좀 어떻게 해주세요. 이러다 우리 다 죽게 생겼어요. 저 할머니가 불이라도 싸지르면 우린 다 죽어요"라며 사정하셨다.

할 수만 있다면 교회로 모시고 싶지만 그럴 수가 없어서 결국 할머니를 요양원에 보내게 되었다. 요양원에 가신 후로 할머니는 내가 하루 일정을 못 할 정도로 수십 통씩 전화하셨다.

정신이 온전할 때는 계속 전화를 걸어 "목사님, 나 좀 살려줘요", "목사님, 나 데리러 오세요" 하시는데, 나는 가슴이 찢어졌다. 하지만 그저 전화를 받고 들어드리는 것 외에는 다른 무슨 말도 할 수 없고, 어떻게 할 도리도 없었다.

전화는 그렇게 20여 일 계속되다가 더 이상 오지 않았다. 걱정되어 전화를 걸어보니 전화는 꺼져있었고 후에는 말소가 되었다.

왜 우세요? 나를 잘 아는가 보네

그렇게 할머니를 보내고 난 후에 코로나가 심해지고 면회가 금지되어 뵈러 갈 방법이 없었다. 계속 요양원에 전화하여 면회가 가능할 때를 확인하고 확인하던 차에 드디어 면회가 잡혔다. 현장에서 신속항원검사를 한 후에 이상이 없으면 면회를 하도록 허락받았다.

면회가 예약된 그 날, 뜻하지 않게 〈시골 목사 전원일기〉 다큐 팀이 촬영하러 왔다. 그들도 동행한 채로 할머니를 만나러 갔다. 보고 싶은 마음과 '나를 알아보실까? 예수님은 기억하고 계실까?' 걱정 반 설렘 반으로 1시간을 달려가 만났는데 할머니는 나를 전혀 알아보지 못하셨다.

교회 목사님이 찾아왔다고 선생님들이 말해주셨는지, 할머니는 나오면서부터 자신은 교회 나간 적 없다며, 산을 믿기 때문에 교회는 안 믿는다고 하셨다. 손도 못 잡게 두 손을 들며 나는 교회 안 믿는다고, 기억이 안 난다는 것이었다.

내 가슴은 무너져 내렸다. 무엇보다 "예수님 믿는 게 너무 좋다"라던 그 고백은 온데간데없이 사라지고 산을 믿는다고 말하는 모습에 눈물이 왈칵 쏟아졌다.

'하나님, 이 불쌍한 영혼 불쌍히 여겨주세요, 긍휼을 베풀어주세요.'

간절한 기도가 터져 나왔다.

할머니가 기억할 수 있도록 해야겠다는 마음에 오래전 할머니와 찍은 사진을 보여드리기 시작했다. 세례를 받았던 사진, 우리 교회 옛날 사진들…. 기억나지 않는 사진 속에서 검은 머리의 자신을 발견하고서도 "지금 찍은 거 아니에요?"라고 말씀하시는 것을 보고서야 치매가 얼마나 큰 고통인지를 이해하게 되었다.

최씨를 좋아하셨던 할머니, 최기수 목사를 좋아하셨던 할머니가 너무도 그리웠다. 울고 있는 나를 보고 "왜 우세요? 누구신데 나를 잘 아는가 보네" 하며 마치 자신의 손을 잡아 달라는 듯 손을 내미셨다. 울며 그 손을 잡아드리던 나는 할머니의 한마디에 그만 마음이 무너지고 말았다.

"손이 왜 이렇게 차세요?"

아, 그 말은 예배 때나 평상시에 만났을 때 내가 할머니 손을 꼭 잡아드리면 할머니가 "목사님 손이 왜 이렇게 차세요…. 장갑 끼고 다니세요" 하시던 말이었다. 그 말은 기억하시는 것 같았다. 산을 믿었다고 그렇게 완강히 거부하시던 할머니의 마음은 어느덧 많이 열려 있었다. 나는 손을 잡고 간절히 기도했다.

"하나님, 이 영혼 불쌍히 여기시고 이 영혼 하나님나라에

임하게 하여주옵소서! 온전한 정신일 때 예수님을 믿고 고백했던 그 고백을 받으시고 긍휼을 베풀어주옵소서!"

기도하고 돌아서서 헤어지는 순간, 나를 향해 돌아보시는 할머니의 모습이 아직도 눈에 선하다.

●

하나님의 일하심은 세밀하다. 전혀 예상하지도, 계획하지도 않았던 만남이었는데 다큐 영상에 담게 하시고, 이 대목에서 많은 사람에게 울림이 있게 하신 것 같다.

그 영상을 본 많은 사람이 코로나 핑계로 차갑게 식어버린 자신의 모습을 보게 되었다고 고백했다. "나는 예수님 몰라요, 나는 교회 다닌 적 없어요, 나는 사역한 적 없어요"라고 말하는 자신을 보며 울고 계시는 예수님의 모습을 떠올리게 되었다는 고백이다.

많은 사람이 회복되었다고 감사 전화를 하셨다. 교회를 찾아와 한없이 울며 기도하고 돌아가는 분들도 있었다. 교회에 상처를 받아서 10년 넘도록 교회도 정하지 못하고 있다는 분도, 30년 동안 상처 때문에 믿음을 잃어버렸다는 분도 영상을 통해 돌이켜 집 근처 가까운 교회에 다시 등록하고 예배를 회복했다고 하셨다.

그런 고백을 들을 때면 하나님의 일하심은 단 한 순간도 쉼이 없으며, 하나님은 약속하신 대로 이루시는 신실하신 분임을 다시 깨닫게 되곤 했다.

우리 주님이 천하보다 귀하게 여기시는 한 영혼의 가치는 이루 말할 수 없을 것이다. 주님은 여전히 그 영혼이 그분께로 돌아오기를 원하신다. 그리고 반드시 그에게 회복을 명하시고 그를 회복시키실 것이다.

우리 덕천리의 한 영혼 한 영혼은 그 가치가 천하보다 귀하다. 비록 오지 마을의 소외된 어르신일지라도 그는 주님이 그토록 애타게 찾으시는, 구원받을 한 영혼이다. 사역하면서 가장 마음이 아플 때는 그 한 영혼이 그렇게 복음을 받아들이지 못하고 돌아가셨다거나 요양원으로 보내졌다는 소식을 들을 때다.

그때마다 마음이 조급해진다. 하나님께 죄송하기도 하고, 내가 그동안 무얼 했나 자책감이 들기도 한다.

'한 번이라도 더 찾아가서 복음을 전해볼 걸, 한 번이라도 더 찾아가서 섬겨드릴 걸….'

성령 하나님의 일하심에 내가 게으르지는 않았는지 회개하게 된다.

하나님, 무어라 기도해야 할까요

방송 이후에도 할머니를 몇 번 찾아가 뵈었다. 평소에 좋아하시던 떡과 마음의 빚으로 남아있는 베지밀을 준비해서 찾아뵈었는데 그날은 내가 "어머니, 제가 누구예요?" 하자, 마치 기억이라도 하시는 듯 "목사님…"이라고 대답하셨다.

"어머니, 예수님만 부르세요. '예수님, 예수님…'."

육신의 장막이 벗어지는 그 순간까지 간절히 부르고 붙들고 싶은 그 이름 "예수". 나는 너무도 간절했다.

그렇게 면회를 마치고 담당 선생님께 할머니에게 필요한 것을 여쭤보았더니 자녀들이 면회를 안 와서 속옷과 여벌의 옷이 없어 함께 계신 어르신들 것을 얻어 입는다고 했다. 나는 안타까움을 감출 수 없었다.

그래서 다음번에 찾아갈 때는 떡과 베지밀 외에 속옷과 옷도 준비해 갔는데 할머니가 휠체어를 타고 나오시는 거였다. 얼마 전 할머니가 침상에서 넘어지는 사고로 무릎뼈가 부러지는 상해를 입었는데 연락을 받은 자녀들이 할머니의 치료를 거부했다는 것이다. 요양원에서는 자녀들의 동의가 없이는 치료할 수 없기 때문에 깁스조차 하지 못하고 보호대 정도만 조치하고 있었다고 한다.

할머니는 무릎뼈가 부러져 굽은 상태 그대로 굳어진 다리를 펴지 못하는 상황이었다. 얼마나 아프실지…. 굳어진 다리는 걷지 못함은 물론, 휠체어 발판에 발을 얹을 수조차 없는 상태가 되어있었다. 우리 부부는 감정이 북받쳐 올랐다. 어떻게 할 수 없는 현실에 눈물로 기도할 뿐이었다.

할머니가 다가와 말씀하셨다.

"목사님이 오신다는 기별을 받았어요."

"저를 알아보시겠어요? 바새 덕천교회 최 목사예요."

"면회 오는 목사님이잖아요."

유일하게 자신을 찾아오는 '면회 오는 목사님'으로 기억하고 계시는 할머니는 자신을 위해 기도 좀 많이 해달라고 요청하셨다.

"목사님, 빨리 죽게 기도 좀 많이 해주세요."

어쩌면 그 기도가 할머니의 상황에서는 맞는 기도같이 여겨졌다. 더는 할머니에게 "어머니, 식사 잘하시고 건강하게 오래 사셔야 해요" 도저히 이 말을 할 수가 없었다. 할머니의 현실과는 너무도 어울리지 않았기 때문이다.

가슴에 사무치도록 기도가 되었다. 간절히 바라기는 육신의 장막이 벗어질 때까지 믿음 잃지 않고 예수님 잘 붙들고 평안히 주님 품에 안길 수 있길 기도할 뿐이다.

요양원에 요청을 드렸다. 코로나로 인해 중단된 방문예배가 회복되면 그 일에 나를 불러달라고. 1주일에 한 번이나 적어도 한 달에 한 번이라도 그곳에 계신 어르신들 70여 분의 영혼이 마지막 순간까지 예수 믿고 천국에 가실 수 있도록 복음을 전하고 예배를 드리고 싶다. 그 바람에라도 최 할머니 성도님을 끝까지 섬겨드리고 싶은 마음뿐이다.

CHAPTER

재건축, 새로운 시작

8

엄마 아빠, 안녕!

2019년 1월 7일. 덕천교회로 부임한 지 어느덧 1년이 다 되어가고 있었다. 영하로 떨어진 날씨에 여전히 이불을 뒤집어 쓰지 않으면 코가 시려서 잠도 잘 수 없는 그 겨울에 우리 부부는 매우 심각한 위기의 밤을 맞이하게 되었다.

아내가 내게 자신의 아랫배를 만져보라고 했다. 아내의 손길을 따라 만져본 배는 손만 대도 느낌이 올 정도로 볼록하게 튀어나와 있었다. 아내는 혹이 생긴 것 같다며 내일 병원에 가봐야겠다고 했다.

사실 아내는 덕천교회로 부임하기 몇 달 전에 유방에 생긴 섬유종을 제거하는 수술을 받았다. 섬유종의 모양이 매우 안 좋아서 암으로 발전할 수 있다는 소견을 듣고 서울삼성병원에서 제거 수술을 한 것이다. 그런 일이 있고 나니 볼록하게 만져지는 혹은 딱 봐도 심각한 상황이라고 느껴져 더욱 걱정이 컸다. 아무 말 없이 그저 기도할 뿐이었다.

그 밤을 뜬눈으로 지새우고 아침 일찍 제천시에 있는 산부인과 병원으로 갔다. 의사 선생님의 진찰을 받고 검사실로 들어가는 아내의 뒷모습은 너무도 측은해 보였다. 그런데 바로 보호자도 들어오라고 했다. 심각한 상황인가 싶어 황급히 초음파 검사실로 들어갔더니 선생님도 놀란 얼굴로 아기가 벌써 5개월 정도 되었다고 하셨다.

"세상에, 어떻게 이렇게 모를 수가 있어요?"

그렇게 우리 율이를 처음 만났다. 첫 초음파 사진은 엄마, 아빠에게 "안녕"이라고 말하듯이 다섯 손가락을 활짝 펴서 인사를 하고 있었다. 당황스럽기도 하고, 놀랍기도 한 첫 만남이었다.

무엇보다 감사한 것은 아내에게 생긴 '혹'이 걱정할 일이 아니라 하나님이 주신 생명이라는 사실이었다. 19년 만에 셋째를 임신한 것이다. 맏이가 벌써 대학생이 된다는 이야기를 들은 의사 선생님은 "하나님의 특별한 보너스"라고 말씀해주셨다. 정말 하나님의 특별한 보너스와 같았다.

5개월간 임신 사실을 몰랐던 데는 그럴만한 이유가 있었다. 아내는 첫째 솔이와 둘째 병권이를 임신했을 때도 입덧을 전혀 하지 않았고, 두 아이 모두 조산기가 있어서 출혈이 생겨 입원 치료를 한 적이 있었다. 율이도 마찬가지로 입덧도 없었고, 출혈이 있었을 때는 불규칙한 생리인 줄만 알았기 때문에 임신이라는 생각은 전혀 못 하다가 아랫배에 난 혹을 보고서야 병원을 찾은 것이었다.

●

덕천리로 이사 간 후에 그 힘든 적응을 하고 임신한 사실도 모른 채 400포기 김장을 하느라 아내가 얼마나 고생했는지 모른다. 후에 그녀는 "몰랐으니까 그렇지, 임신 사실을 처음부터 알았다면 어떻게 김장 사역을 했겠냐"라며, 하나님께서 그래도 사역하라고 잘 모르게 하시고, 내내 붙잡아 주신 것 같다고 웃으며 말하기도 했다.

하지만 막상 임신 사실을 알게 되고는 걱정과 두려움이 몰려왔던 것 같다. 한 여자로서 그렇게 힘들게 살면서 두 아이를 이제는 다 키웠나 했더니 다시 아기를 낳아야 하는 상황에 얼마나 많은 걱정이 되었을지….

그도 그럴 것이 아기가 생긴 것을 5개월이 되도록 모르고 지내는 바람에 임신 초기에 해야 하는 검사를 모두 하지 못했고, 임신 중기에 한 기형아 검사에서 높은 수치가 나와 너무도 힘든 결과지를 받게 되었기 때문이다.

산모의 나이도 40대라 노산인 데다가 기형아 수치가 너무 높게 나와서 큰 병원에 가서 양수검사를 받아야 할 것 같다고 했다. 그래서 소견서를 받아들고 유방 섬유종 제거 수술을 했던 서울삼성병원 산부인과로 갔다.

의사 선생님이 양수검사를 해야 하는데 이 검사에서 기형아로 판정되면 출산을 안 할 거냐고 물으셨다. 그래서 우리는 무조건 출산한다고 했더니 그럼 양수검사는 왜 하냐는 식으로 말하는 것이었다. 그 말은 기형아 수치가 높아서 양수검사를 해도 결과는 기형아일 확률이 높다는 의미였다.

그 말을 듣고 아내와 나는 눈물을 흘릴 뿐이었다. 그렇게 진료를 마치고 울고 있는 아내에게 간호사 선생님이 다가와 속삭이듯 말해주었다.

"어머니, 아이를 한번 믿어보세요."

나는 그때 그 말이 이렇게 들리는 듯하였다.

"하나님을 한번 믿어보세요."

'그렇지! 하나님이 선물로 주셨는데 가장 선하고 가장 좋은 것으로 주시지 않겠어?'

비록 기형아라고 해도 하나님은 우리에게 딱 맞는 가장 아름답고 좋은 선물로 아기를 주셨을 게 분명하다는 확신이 들었다. 간호사 선생님의 말은 우리 부부가 더는 기형아 수치로 걱정하는 일이 없도록 해주신 하나님의 사인이었다.

1월 8일에 임신 사실을 알게 된 후 이런 우여곡절 끝에 6월 10일로 분만 예정일을 받아들이고, 아내는 늦었지만 태교와 몸 관리에 신경 썼다. 이때 한 가지 기도한 것은 주일에 분만하지 않게 해달라는 것이었다. 분만할 병원까지는 1시간 30분을 가야 하는데 주일에 진통이 오면 바로 병원에 가기 어려운 상황이라서 평일에 순산하도록 기도했다.

하나님은 이 기도에 놀랍게 역사해주셨다. 예정일을 보름 정도 앞둔 5월 25일 토요일 오후 5시 25분에 율이를 출산했다. 진통이 와서 급히 병원에 간 것도 아니었다. 임신 초기부터 먹어야 할 철분제를 먹지 못해서 출산할 때 위험할 수도 있다고 하여 출산을 앞두고 철분제를 맞으러 간 날이었다. 철분 주사를 맞고 진찰을 받던 중에 오늘 출산을 할 것 같다고 했고, 몇 시간 후에 율이를 출산했다.

하나님의 특별한 선물 율이는 그렇게 태어났다. 산골 목회하는 데 외롭지 말라고 하나님이 보내주신 특별 보너스가 분명하다. 이 아이를 통해 이루실 하나님의 기적과 같은 일들이 너무도 크기 때문이다.

일을 만들며 성취하시는 여호와

율이가 태어나기 하루 전인 2019년 5월 24일 금요일에 하나님은 서울 소망교회 소망예빛선교회의 권사님 두 분을 우리 교회로 보내주셨다. 우리 교회의 어려운 사정을 알게 된 두 권사님이 솔이의 대학 입학 소식을 듣고 대학 1학년 학자금 지원 의사를 전하시며 솔이를 만나보고 싶다고 하셨다.

아내와 나는 원주 시외버스터미널로 마중 나가 서울에서 시외버스를 타고 오시는 두 분을 모시고, 원주에 있는 대학에 입학한 솔이를 찾아갔다. 두 분은 학교에서 솔이를 만나보신 후 바로 서울로 올라가지 않고, 원래 계획에는 없었지만, 우리 교회에 한번 가보자고 하셨다.

솔이는 금요일마다 수업을 마치면 교회로 와서 사역을 도왔다. 마침 금요일이라 다 같이 교회로 오는 길, 2시간 넘게 이런저런 이야기를 나누다가 셋째를 임신 중이며 출산이 보름 정도 남았다는 것을 권사님들도 알게 되셨다.

날이 더웠던 오후, 교회에 도착해서 잠겨 있던 나무 대문을 열고 들어서는 순간 뜨거운 열기에 숨이 막힐 지경이었다. 두 권사님은 창문도 하나 없는 이곳에서 어떻게 아이를 키울 거냐며 매우 놀라시는 눈치였다. 이곳저곳 둘러보며 열악한 환경도 보시고, 당시 6평쯤 되는 작은 예배당에서 함께 기도하고 사택으로 올라와서 둘러보던 중에 하나님의 기적은 시작되었다.

두 분 중 한 분이 넘어질 곳이 아닌 곳에서 엉덩방아를 찧으며 넘어지신 것이었다. 창문도 하나 없는 작은 안방, 팔을 들면 천장이 손에 닿는 방에서 나오다가 넘어지셨다(후에 서울에 가서 병원 진료를 받아보신 결과, 넘어지면서 그 충격으로 갈비뼈에 금이 가고 발가락이 부러지는 큰 사고였다).

넘어진 권사님은 고통 중에 숨을 제대로 쉬지 못하며 신음하고 계셨다. 나도 너무 놀라고, 순간 '119를 불러야 하나? 119 오는 시간이면 내가 모시고 빨리 병원에 가는 게 나을까?' 고민하며 어쩔 줄 몰라 하고 있는데 다른 권사님이 "목사님, 기도해주세요"라고 하셨다.

그날 처음 뵌 권사님이 우리 교회에 오셔서 사고를 당하신 것이었다. 고통으로 신음하고 있는 권사님의 머리에 오른손을 얹고 간절히 기도하기 시작했다.

"나는 너를 치료하는 여호와라 말씀하신 여호와 라파의 하나님! 고쳐주옵소서! 회복시켜주옵소서! 나사렛 예수의 이름으로 명하노니 고통과 통증들아, 사라질지어다!"

간절히 선포하며 기도하다가 아파하시는 허리 부분에 왼손을 얹었는데 온몸이 딱딱하게 경직된 것 같았다. 그 상태로 계속 한참을 기도하고 있었는데 기도가 끝날 즈음, 경직되어 딱딱하던 권사님의 몸이 스르륵 풀리는 것이 아닌가!

그때 일만 생각하면 지금도 놀랍다. 너무도 놀랍게 일하시는 하나님의 역사의 현장이다. 하나님이 하나님의 때에 하나님의 일을 하시기 위해서, 간절히 부르짖고 기도하던 중에 역사를 이루어주셨다.

> 일을 행하시는 여호와, 그것을 만들며 성취하시는 여호와, 그의 이름을 여호와라 하는 이가 이와 같이 이르시도다 너는 내게 부르짖으라 내가 네게 응답하겠고 네가 알지 못하는 크고 은밀한 일을 네게 보이리라 렘 33:2,3

기도를 마치자 권사님이 그 자리에서 일어나 "목사님, 예배드려주세요"라고 하셔서 나와 아내, 솔이와 권사님 두 분이 함께 하나님께 감사의 예배를 드렸다.

여기서 어떻게 아이를 키우실 거예요?

예배를 마치고 두 분을 다시 원주 시외버스터미널로 모셔다드리는 길에 넘어지지 않은 다른 권사님이 말씀하셨다.

"목사님, 하나님이 오늘 우리를 이곳에 오게 하신 분명한 뜻이 있는 것 같아요. 오늘 우리 장 권사님이 넘어지셨으니까 그렇지, 다른 어르신이 넘어지시기라도 하면 교회가 어떻게 감당하시겠어요. 또 보름 후에 아기를 낳는다고 하는데 여기서 아기를 어떻게 키우려고 하세요⋯."

아무 대답도 하지 못하고 있는 내게 권사님이 제안하셨다.

"목사님, 출산까지 보름 정도 시간이 있으니까 그 안에 안방하고 거실에서 예배당으로 내려가는 계단을 리모델링 하면 어떨까요?"

사실 생각을 안 해본 것은 아니었다. 출산을 앞두고 무언가 대책이 필요할 것 같아서 몇몇 건축업자에게 견적을 의뢰하기도 했다. 하지만 우리 사정에 몇천만 원은 도저히 할 수 없는 일이라서 기도할 뿐이었다.

그때 건축일을 잘하시는 순복음교회 목사님을 소개받았는데 목사님이 직접 하시면 인건비는 재능 기부로 해주시겠다며 자재비만 1,500만 원 정도 견적을 받은 적이 있었다. 그 일을 권사님에게 말씀드리자 권사님은 시간이 없다며, 내일 당장 돈을 보내드릴 테니까 바로 공사를 시작해서 출산 전에 마치면 좋겠다고 하셨다. 하나님의 일하심이 너무도 감사하고 놀라웠다.

그렇게 서울에서 오신 두 분의 권사님이 다녀가신 그다음 날이자 예정일을 보름 남겨둔 5월 25일, 우리는 철분제를 맞으러 산부인과를 찾았다가 리모델링은 시작도 못 해보고 출산을 하게 되었다. 너무 뜻밖이어서 처음에는 좀 당황했지만 결국 깨닫게 된 하나님의 계획과 섭리는 너무도 놀랍다.

율이를 낳고 나서 권사님께 전화를 드려 "권사님, 아기 낳았어요"라고 알려드렸다. 어제 만나고 대문 앞에서 함께 기념 사진을 찍고, 우리 가족도 찍어주고 가셨는데 오늘 갑자기 출산했다고 하니 권사님이 깜짝 놀라셨다. 그리고 앞으로 어떻게 하실 거냐고 물으셨다. 리모델링 계획은 무산될 판인데 우리 사는 것을 눈으로 보고 가신 터라 도저히 그 환경에서는 답이 안 나왔던 모양이다.

권 사님은 산모와 아기를 산후조리원에 몇 달 있게 하고 그동안 리모델링 할 것을 권하셨으나 산후조리원은 원주에 나 있어서 도저히 불가능했다.

나는 권사님의 제안에 감사드리면서도 결국 "덕천교회가 우리 집이니까 환경이 어떻든

간에 우리 집에서 그냥 살겠습니다"라고 거절 아닌 거절을 하게 되었다. 리모델링은 어떻게 하실 계획인지 물으시는 권사님에게 나는 솔직하게 말씀드렸다.

"사실 전임 목사님도 몇천만 원 들여서 리모델링을 한 게 이렇습니다. 너무도 급한 마음에 우선 임시방편으로 1,500만 원이라도 들여서 하려고 했지만, 저희가 기도하고 있었던 기도 제목은 200년 넘은 이 집을 다 허물고 새로 깨끗하게 건축하는 것이었습니다. 언젠가 하나님이 허락하시면 새로 건축하기 위해서 함께 기도하고 있습니다."

이 말을 들은 권사님은 자신도 그렇게 했으면 좋겠다고 하시면서 상당 금액의 건축헌금을 봉헌해주셨고, 소망예빛선교회 회원들도 이 일에 마음을 같이하여 함께 헌금해주셔서 성전 건축이 시작되었다.

안양에서 한 달에 한 번씩 오셔서 함께 동역해주시는 집사님 내외분도 상당 금액의 건축헌금을 해주셨고, 하나님께서 여기저기서 돕는 손길을 붙여주셔서 건축의 설계부터 시작하여 마침내 2019년 9월 16일 월요일, 기공 예배를 드리게 되었다.

내 계획을 날려 보낸 태풍

"하나님이 놀라운 기적을 통해서 건축을 시작하게 하셨으니 그 시작도, 그 과정도, 마침내 그 끝도 하나님이 하실 줄 믿습니다. 건축비용이 다 채워진 것은 아니지만 이 건축을 완전하게 다 마칠 때는 1원의 빚도 하나 없이 온전히 하나님께 입당 및 헌당 예배로 드리게 될 줄 믿습니다!"

기공 예배에서 나는 이렇게 선포했다. 우리 교회 사정상 빚을 진다는 것은 평생 갚을 수 없는 빚이라는 것을 알고 있기에 하나님이 하셔야 가능하다는 선포였다.

그렇게 기공 예배를 드리고 그날로 건축이 시작되었는데 생각지도 못하게 첫날부터 시험이 찾아왔다. 200년 넘은 집을 부수고 다시 지으려니 폐기물 처리가 문제였다. 혼합폐기물 처리 업체에 견적을 받으니까 2,500만 원이 나왔다. 거리와 여건이 다른 현장에 비해 500만 원이나 더 비싼 금액이었다.

설계비와 폐기물 처리비용만으로도 준비된 건축비의 3분

의 1이 없어지는 것이다. 그렇게 되면 건축은 도저히 답이 안 나온다. 그러자 기공 예배 때 했던 믿음의 선포는 온데간데없고 인간적인 내 생각이 머릿속에 가득했다.

'어차피 남은 돈으로 신축이 안 되면 빚을 낼 수도 없고…. 준비된 돈 가지고 리모델링을 잘해볼까? 완공을 못 해서 어려운 것보다는 낫지 않을까?'

그렇게 건축의 방향은 점점 리모델링으로 틀어지고 있었

다. 양철판으로 덮고 있던 지붕도, 그 안에 덮여 있던 슬레이트도 정선군청 환경과에 협조를 구해 하나하나 뜯어냈다. 기둥과 틀도 살려서 써보려고 조심조심 뜯고 있는데 하나님이 손을 쓰셨다. 9월 23일, 태풍 타파(Tapah)를 보내 내 계획을 모두 타파(打破)하신 것이다.

그 전날인 22일에는 임시 예배당에서 주일 예배를 드리고, 주일 사역을 마친 후 읍내 숙소에서 잤다. 그리고 다음 날 아침, 공사를 위해 생후 4개월 된 아기 율이를 안고 아내와 건축 현장인 교회로 향했다.

아내는 공사에 참여하는 목사님들의 삼시세끼 식사 준비 때문에 아기를 업고서라도 함께 가서 일할 수밖에 없었다. 근처에 식사할 만한 식당이 없었기 때문에 교회 앞에 있는 빈집을 빌려서 식당 겸 임시예배 처소로 삼았다.

태풍이 할퀴고 간 후라 교회와 밖에 쌓아둔 살림살이가 걱정되어 새벽 일찍부터 서둘러 교회로 향했는데, 들어오는 길에 보니 처참한 상황이 눈에 들어왔다. 마을로 들어오는 길 주변에 있는 나무가 부러지고 난리가 나 있었다.

불안한 마음으로 교회에 도착해보니 밖에 쌓아두고 덮어둔 살림살이들은 이미 다 넘어지고 날아가 버렸으며, 리모델링하려고 조심스럽게 걷어둔 지붕 없는 흙집은 폭탄이라도 맞은 듯 다 무너져 있었다. 200년 넘은 흙집이 태풍을 견디지 못하고 그대로 무너져내린 것이었다.

모든 게 채워져서 시작된 건축이 아니었기에 어떻게든 해보려고 리모델링으로 계획을 틀었는데 그것이 한꺼번에 물거품이 되어버렸다. 말로 할 수 없는 참담함이 몰려왔다.

그러나 가만히 생각해보니 이건 도저히 인간의 영역이 아닌 것 같았다. 태풍은 너무도 강력한 하나님의 일하심으로 경험되었기 때문에 하나님의 영역으로 인정할 수밖에 없었다.

그날 바로 굴착기와 덤프트럭을 불러서 폐기물로 단 몇 시간 만에 모두 처리했다. 슬레이트는 환경과의 도움을 받아 무료로 처리했고, 쌓아두었던 양철판은 그대로 고물로 팔아 오히려 약 130만 원 정도를 받고 폐기물 처리비용에 보탰다.

하나님이 보내신 태풍은 우리에게 보여주시는 '하나님의 일하심'의 시작이었다. 마치 엘리야에게 보여주신 손바닥만 한 작은 구름과 같았다.

3년 6개월의 가뭄 끝에 일어난 그 작은 구름이 마침내 하나님의 역사를 보여준 것처럼, 그 작은 일이 큰일이 되어서 하나님의 살아계심을 드러낼 것이라는 확신이 들기 시작하였다. 내 작은 믿음을 회개하게 되었고, 마음은 '하나님이 하신다고 하셨으니까 반드시 하시겠구나'라는 확신으로 가득 찼다.

하나님이 붙드시는 기초공사

완전하게 싹 치워진 교회 터 위에 새로 설계한 대로 기초공사를 시작했다. 기초가 세워지면서, 건축 소식을 들은 인근지역 목사님과 사모님들이 새벽예배를 마치고 도와주러 오기 시작하셨다. 교단과 교파를 초월하여 전체 42명 정도의 목사님과 사모님들이 건축에 동참하여 주셨다. 손수 목사님들의 기술과 시간으로 교회를 건축하게 되었다.

대우조선에서 용접일을 했던 기술을 그때 사용해, 내가 직접 용접해서 골조를 세웠다. 만들어진 구조물은 목사님 수십 명의 손으로 직접 들어 올려서 세웠다. 오지 마을이라서 도로 사정상 크레인이 들어올 수 없기 때문이었다.

주일을 제외한 매일매일 건축 공사 일을 했다. 높은 7미터 기둥에 올라가서 구조물을 용접하고, 그 용접한 구조물을 밟고 올라서야 하는 일이 반복되었다. 한쪽에서는 내가, 맞은편에서는 순복음교회 목사님이 용접을 해서 한 칸씩 밟고 올라가며 세우는 작업이었다.

건축 일이 처음인 나는 다리가 후들후들 떨렸다. 안전 장비도 없이 그저 내가 용접한 부분이 떨어지지 않기를 간절히 바라면서 두려움 속에 한 걸음씩 옮기고 있는데 순복음 목사님은 떨고 있는 나에 비해 너무도 담대히 한 칸 한 칸 올라가시는 것이 아닌가?

"목사님은 겁나지 않으세요? 어떻게 그렇게 금방 용접하고

서 밟고 또 올라가세요? 나는 내가 용접했지만 이 용접한 곳이 떨어지면 여기서 그대로 추락인데, 다리가 후들거리고 너무 무서워요."

"우리 인생이 이렇게 한 걸음 한 걸음이 어렵고 두려운 것 아니겠어요? 그런데 내가 용접한 것에는 확신이 없더라도 하나님이 나를 붙들고 계신다는 확신이 있으니까 그 믿음과 힘으로, 무섭지만 한 걸음씩 올라가는 거예요."

목사님의 그 말씀이 너무도 큰 은혜와 위로가 되었다. 그 이후 나 또한 하나님이 붙들고 계신다는 확신으로 담대히 올라가서 일할 수 있었고, 안전하게 1차 골조 공사를 마칠 수 있었다. 준비된 예산만큼 공사가 진행되어 마무리되어 갈 즈음, 어느새 12월이 되어있었다.

1차 공사로 교회와 사택 공사 앞면 외벽과 실내 공사까지 마무리했고, 뒷벽과 2층, 다용도실과 주차장 공사가 남아 있었다. 건축을 진행하시는 목사님에게 앞으로 완공까지 자재비가 얼마 정도 있으면 될 것 같냐고 여쭤보니 3,000만 원 정도면 공사가 모두 마무리될 것 같다고 하셨다.

사실 12월까지 오는 동안에도 공사비가 모자라서 몇 차례 위기가 왔다. 말이 성전 건축이지 건축은 쉬운 게 아니었다. 일하랴, 건축비 걱정하랴, 결국 현장에서 실신하듯 쓰러져 누워 있기도 여러 번이었다. 그러나 하나님은 신실하시며, 약속하신 대로 반드시 이루시는 분이다.

한 번은 벽돌값 480만 원을 지출해야 하는데 공사비가 바닥났다. 어떻게 해야 할지 걱정하던 그때 전화가 걸려왔다. 대구에 계시는 H집사님이신데 혹시 목사님 교회에 필요한 게 있으면 말씀하시라는 것이었다. 차마 오늘 결재해야 할 벽돌값이 없다는 말을 못 하고 그저 끙끙거리고 있는데 그 집사님이 "500만 원을 보내드릴 테니 목사님 사역에서 꼭 필요한 데 사용하세요" 하시는 게 아닌가?

눈물이 쏟아졌다. 벽돌값을 결재하게 돼서도 감사했지만, 그 무엇보다 하나님이 우리를 보고 계시고 이 일에 여전히 함께하고 계심에 너무도 감사했다.

취소된 입당 예배

실내와 앞벽 등 공사가 얼추 마무리되자 2019년 12월 27일에 입당 예배를 드리기로 했다. 그날 드려진 헌금으로 나머지 공사의 일부라도 할 생각으로 일정을 잡아 관계된 분들에게 초청장을 보내드렸는데, 이게 웬일인가? 전날인 26일에 눈이 내린 것이다.

우리 지역은 제설작업 자체가 안 돼서 험한 도로에 눈이 쌓이면 녹을 때까지 몇 날 며칠은 꼼짝없이 고립되곤 하는데, 그날도 입당 예배를 준비하려고 장을 보러 읍내에 나간 사이에 눈이 와서 다음 날 오후에야 간신히 눈길을 뚫고 교회로 들어올 수가 있었다. 입당 예배는 전면 취소가 되었다. 우리도 못 들어오는데 누구를 오라고 할 수 있겠는가?

하나님의 일하심은 너무도 섬세하고 세밀하다. 건축을 시작할 때 기공 예배를 드리며 믿음으로 선포한 것이 생각났다.

"우리 교회 건축을 모두 마칠 때는 1원의 빚도 없이 온전히 하나님께 입당 및 헌당 예배를 드리게 될 줄 믿습니다!"

그 믿음의 고백을 하나님은 가장 선하시고 완전하신 방법으로 세밀하게 역사하여 이루셨다.

건축을 시작하며 매주 주보에 기록하여 성도님들과 함께 기도하던 기도 제목이 있었다.

첫째, 좋은 날씨와 안전을 지켜주옵소서.

둘째, 지역 주민들의 마음을 주장하사 민원이 한 건도 없게 하옵소서.

셋째, 참여하는 목사님들을 지키시고, 마칠 때까지 협력하게 하옵
      소서.

넷째, 공사에 필요한 재정과 손길을 붙여주옵소서.

다섯째, 하나님 보시기에 아름다운 성전과 사택을 건축하여 성전
       건축 감사예배로 입당 및 헌당 예배를 드리게 하옵소서.

하나님은 이 기도를 하나도 빠짐없이 다 응답해주셨다.

먼저는 한 건의 민원도 없게 하셨다. 사실 가장 걱정한 부분이었다. 교회가 하는 일이라면 무언가 틈을 노리고 눈에 불을 켜고 지켜보는 사람들이었기 때문이다. 건축을 시작하기 전, 떡을 해서 돌리며 한 분 한 분에게 양해를 구하긴 했지만 언제든지 다른 마음을 먹는 것은 불 보듯 뻔한 일이었다.

한 번은 하필 마을 식수를 끊는 일이 있었다. 수도 연결을 위해 작업하던 중에 굴착기 기사님이 착각해서 식수원 파이프를 끊어버리는 바람에 이틀 정도 마을이 단수되는 사고가 난 것이다. 그런데도 민원이 단 한 건도 발생하지 않았다. 하나님께서 기도를 듣고 응답하셔서, 오히려 미안해하는 우리를 격려하는 마음으로 그들을 바꾸어주셨다.

이외에도 좋은 날씨 속에 돕는 손길과 필요한 재정을 붙여 주셨으며, 교단과 교파를 초월하여 목사님들과 동역하게 하시고 이들을 지켜주셨다. 마지막으로, 성전 건축 감사예배로 입당 및 헌당 예배를 드리게 해달라는 것 역시 우리가 기도한 그대로 이루어주셨다.

12월 27일에 입당 예배를 드리려 한 것은 우리가 기도한 대로가 아니었다. 그저 내 생각으로, 입당 예배 때 드려진 헌금으로 남은 공사를 하려고 계획했을 뿐이었다. 하나님은 그것을 완전히 무너뜨리셨다.

애초에 우리는 온전하고 완전하게 공사를 완공해서 하나님께 입당 및 헌당 예배를 드리기를 원했고 그렇게 기도했다. 하나님은 그 기도를 받으셨고 그대로 이루기를 원하셨다.

선포한 대로

입당 예배가 취소된 후 기약 없이 몇 년이 흘렀다. 2020년 1월부터 시작된 코로나 시기, 우리는 조금씩 재정이 생기는 대로 남은 건축을 해나가다가 결국 3,200만 원을 대출 받아서 남은 공사를 마무리할 수 있었다.

공사는 끝나고 건축은 마무리되었는데 빚이 문제였다. 우리 교회의 사정으로 3,000만 원의 빚은 도저히 갚을 수 없는 30억과도 같았다. 하지만 우리 아버지가 누구신가? 우리 아버지는 여호와 하나님이시고 전능하신 하나님이시다!

신대원에 다니던 시절, 내 육신의 아버지는 목회의 길을 위태롭게 걷고 있는 아들의 학비라도 도와주실 생각으로 고물상에서 일을 하셨다. 노구의 몸을 이끌고 힘든 고물상에서 고물을 분리하는 일은 정말 쉽지 않았을 것이다.

참으로 어렵던 그때, 한창 학교에서 공부하고 있다가 아버지가 일하시던 고물상에서 사고가 났다는 연락을 받았다. 고물을 분리하는 절단기에 허벅지를 다쳐 허벅지 근육 봉합수술을 받으셔야 했다. 다행히 뼈는 이상이 없었으나 참 마음이 아팠다. 아버지의 그 마음을 너무도 잘 알기에 가슴이 찢어지는 것 같았다.

그때 병원 원장님이 보호자를 찾았다. 원장님을 만나러 가니 혹시 아버님이 탄광에서 일하신 적이 있냐고 물었다. 수술 전 검사로 찍은 X-ray 사진을 보여주며 진폐증이 의심된다고 했는데 의학적으로 전혀 모르는 내 눈에도 원장님의 설명이 분명할 정도로 심해 보였다.

그러나 전부터도 1년에 한 번씩 진폐 검사를 해 왔지만, 그때마다 정상으로 판정을 받았다고 알고 있었다. 이런 이야기를 들은 원장님은 소견서를 써줄 테니 다시 한번 진폐증 검사를 해보라고 권했다.

그렇게 진폐증 검사가 다시 시작되었는데 그래도 몇 차례 더 정상 판정이 나오다가 2020년에는 진폐 의증으로 나오더니 그다음 해인 2021년에는 진폐 13급 판정이 내려졌다.

진폐로 인해 호흡도 힘들고 숨이 차는 어려움도 있을 텐데 아버지는 너무도 감사해하셨다. 진폐 급수 판정으로 보상받는 위로금으로 하나님 앞에 감사헌금을 드려서 교회가 감당하지 못할 빚을 갚을 수 있게 하신 하나님의 은혜에 너무도 기뻐하며 감사하셨다.

우리 교회 빚 3,200만 원은 그렇게 완전하게 갚게 되었다. 하나님이 하나님의 때에 신실하게 역사하셨다. 모든 건축을 마치고, 아름답게 교회를 가꾸고, 1원의 빚도 없이 완전하게 2022년 5월 28일 토요일에 우리 모두가 함께 기도한 대로 성전 건축 감사 입당 및 헌당 예배로 하나님께 올려드렸다.

다치셨던 권사님을 비롯해 이 건축과 관련된 역사의 주인공 모두가 함께하는, 그리고 눈물바다가 된 은혜의 입당 및 헌당 예배였다. 할렐루야!

마을에 일어난 변화

교회를 새로 건축하고 교회 주변 길도 잘 정비하니 교회 어르신들이 너무도 좋아하셨다. 전에는 교회 오는 길이 오르막이라 위험했는데 힘들지 않고 편해진 것도, 추웠던 예배당이 따뜻해진 것도 늘 기쁨이고 감사였다.

덕천교회의 건축으로 이전과 확연히 달라진 점이 많은데 가장 큰 것은 마을 사람들의 시선이었다. 전에 교회의 환경은 세상의 눈으로 봐도 교회나 자신의 집이나 별반 다를 게 없었다. 오히려 더 어렵고 힘든 현실이 그들의 눈에도 안쓰러워 보였던 것 같다.

그런데 교회가 새로 아름답게 건축된 이후에는 아무것도 없던 목사가 좋은 교회를 지었다는 사실에 놀라며 그 속에서

하나님의 살아계심을 간접적이나마 경험하게 되었다. 마을
어르신들은 이구동성으로 "교회가 환하게 세워지니까 마을
이 환해졌다"라고 하셨다.

바새마을의 랜드마크(land mark, 어떤 지역을 식별하는 데 목표
물로서 적당한 사물)랄까, 가장 큰 집격이었던 집터에 멋지게 세
워진 교회는 세상의 눈으로도 마을의 대표적인 중심으로 여기
기에 충분했다.

교회가 건축된 이후 또 한 가지 마을의 변화는 마을 길이 정비되고 교회로 오는 대로(大路)가 활짝 열렸다는 사실이다. 물론 외부 사람들이 오기에는 도로 사정이 아직 그리 편치는 않지만, 그래도 예전에 비하면 고속도로와 진배없었다.

　　이 마을 길 확장 공사는 마을의 오랜 숙원 사업이었다. 마을에서 내가 가장 젊은 사람이다 보니 사람들이 "목사님이 마을 대표로 말 좀 해주세요"라고 부탁을 해왔다. 이에 흔쾌히 협력하여 정선군수님을 면담하면서 나는 마을을 위해 가장 우선적으로 도로 확장 공사를 요청했고, 공사가 교회 건축과 동시에 시작되었다.

　　이런 과정을 거치면서 교회를 대하는 마을 주민들은 방관만 하던 상태에서 무언가 교회에 협력해야겠다는 마음으로 바뀌어갔다. 그 단적인 예로, 2020년 3월에 나를 너무 놀라고 감동하게 하는 일이 있었다.

●

2019년 12월에 계획했던 입당 예배가 취소된 채 해가 바뀌고 어느새 3월이 되었다. 그날, 건축에 도움을 주신 목사님이 도움을 요청하셔서 마음의 빚을 조금이라도 갚을 심정으로 외부에 나와 일하고 있는데 우리 교회 앞을 지나던 한 지인이 전화를 하셨다.

"오늘도 교회 공사하세요?"

"아니요. 저는 지금 외부에 나와 있습니다."

"교회에 덤프트럭과 트랙터도 있고 사람들이 있는데요."

"그럴 일이 없는데요? 누구지?"

아무도 없는 데서 누가 무엇을 하는 건지 궁금해서 이내 교회로 향해 차를 몰고 달려갔다. 그런데 이게 웬일인가? 마을 노인회장님을 비롯해 알래스카에서 오신 마을 주민 이정노 님(이후에 아내분과 함께 우리 교회 성도가 되셨다), 마을 청년, 연포상회 사장님 등 몇 분이 각자 삽을 들고, 트랙터를 몰고, 누군가는 덤프트럭을 제공하고, 누군가는 자갈값을 지불해서 교회 주차장 공사를 하고 계셨다.

내 눈을 의심하며 어리둥절해서 다가갔더니 한 분이 "목사

님, 왜 오셨어요? 서프라이즈 해드리려고 했는데…" 라고 하셨다. 그러자 다른 분도 "얼른 가세요. 목사님이 여기 계시면 불편하니까 우리에게 맡겨두고 얼른 가세요" 하고 거들었다.

내가 있으면 좋아하는 소주도 못 드신다는 눈치였다.

어찌 된 일인가를 듣고서 너무 감동을 받았다. 1차 건축을 마친 후 아직 주차장 공사가 안 된 상태일 때, 눈 내린 다음 날 내가 흙밭인 교회 마당에서 넘어진 적이 있는데 누군가 그 것을 우연히 봤다고 한다.

그래서 몇 분이 "교회도 새로 짓고 목사님께 도움도 많이 받았는데 우리도 뭔가 도와보자"라고 의견을 모아서 마당에 자갈을 깔아드리기로 했다는 것이었다. 우리 교회 주차장 공사는 그렇게 마을 주민들의 수고로 이루어졌다.

젊은 목사지만 이제는 우리 마을의 영적 지도자로 여겨주시는 마을 분들을 볼 때 감사할 뿐이다. 여러 관계 속에서 분쟁이 있으면 꼭 나를 찾아와 마을 회의에서 중재해달라고 요청하신다. 마을의 수도 문제, 물탱크 문제, 마을 기금과 관련해 갈등과 오해가 있을 때 마을의 영적 지도자인 목사의 말을 듣고 서로 이해하고 타협하는 덕천리가 되었음에 감사하다.

하나님의 일은 변화의 시작이다. 덕천리를 향한 하나님의 일하심은 지금도 계속되고 있기에 더 나은 변화를 기대하게 된다. 덕천리 전체가 주님의 자녀가 되는 변화의 시작은 지금도 여전히 진행 중이다.

믿음의
결산

9

다섯 목사의 건축 어벤져스

하나님께 받은 은혜는 너무도 크고 놀라웠다. 모든 것이 하나님의 은혜가 아니고는 아무것도 아니었다. 받은 은혜가 너무도 감사해서, 할 수만 있다면 조금이라도 받은 은혜를 기쁨으로 흘려보낼 수 있도록 기도하게 되었다.

그렇게 시작한 사역이 바로 건축선교회 사역이다. 그저 하나님 은혜에 감사해서, 그리고 함께 손발을 맞춰 우리 교회를 건축하고 나니 해볼 만하다는 자신감도 생겨서 의기투합하여 함께 건축 봉사를 시작하게 되었다.

순복음교회 목사님을 중심으로 침례교 목사님, 감리교 목사님, 그리고 나를 포함해서 장로교 목사님 2명, 이렇게 5명이 교단과 교파를 초월하여 '건축선교회 어벤져스' 팀을 구성했다.

각자 맡은 분야에서 전문성을 더하기 위해 건축과 전기, 설비에 이르기까지 자격증을 보유하게 되었다. 나는 조선소에서 보유하게 된 용접 자격증을 활용해서 건축의 기초 골조를 세우는 용접 일을 맡았다.

전체적으로 재능이 많으신 목사님들로만 구성되다 보니 여러 방면에서 맡겨진 일들을 척척 잘 감당해 나가신다. 우리 교회의 신축공사를 시작으로 기술도 점점 늘고 향상되어갔다.

건축 어벤져스 팀의 우선순위는 각자의 목회지에서 맡겨진 교회를 섬기며 목회하는 것이다. 그다음으로, 한 주에 한 번 혹은 한 달에 한 번이라도 시간을 내어 건축선교회 일을 돕는다. 그동안에도 참 많은 일을 감당했다.

농어촌교회로서는 교회나 사택을 새로 짓거나 리모델링하는 것이 너무도 어려운 일이다. 우리 건축선교회는 하나님이 주신 지혜와 재능을 가지고, 건축 여건이 어려운 교회나 사택을 보수하는 데 힘을 모으게 되었다.

건축업계에서는 모든 건축비의 절반 이상이 인건비라고 말한다. 그래서 건축을 해야 하는 교회가 재료비 정도는 준비할 여건이 된다면 우리 건축선교회 목사님들이 인건비는 재능 기부하여 건축이나 수리를 한다는 계획이다.

또한 어느 정도 건축비가 있는 교회나 성도님의 집을 새로 지을 경우에는 재료비 외에 건축선교회 목사님들 1인당 인건비를 적정 금액으로 책정하고, 그 인건비의 첫 열매는 해당 교회에 헌금으로 드리고, 나머지 인건비는 모두 모아서 절반은 해외 선교비로, 절반은 국내 선교비로 사용한다.

1년이면 약 800만 원 정도 모으게 되는 것 같다. 400만 원은 해외 선교사님께 선교비로 보내고, 남은 400만 원으로는 교회나 성도님 가정에 보수가 필요한 곳을 찾아 재료를 구입하여 재능 기부를 통해 리모델링을 하는 사역을 하고 있다.

●

건축선교회 첫 국내 사역으로 우리 교회 성도님 집을 보수해 드렸다. 그 성도님은 컨테이너에 살고 계셨는데, 낡아서 부서진 부분을 모두 해체하고 다시 새롭게 현관 입구를 만들어 드렸다. 전에는 추운 날이면 눈보라가 방으로 들이치기도 했으나 이 사역을 통해 전보다 따뜻하고 안전하게 겨울을 지낼 수 있게 되었다.

최근에는 지방자치단체와 협력하여 차상위 가정과 한부모 가정의 보금자리 집수리 사업을 신청하기에 이르렀다. 집수리가 절실히 필요한 위 조건의 가정 중에서 7가정을 선정하여 자치단체에서는 예산을 지원하고 건축선교회 목사님들은

재능 기부로 섬기는 사역이다.

이 일은 우리가 추진한 것이 아니라 영월군에서 먼저 예산을 편성하고 건축선교회에 요청해 온 것이다. 몇 년 전에 건축선교회에서 1년 동안 적립된 국내 선교 예산으로 독거노인 집수리 사역을 한 적이 있었다. 할머니 네 분의 집을 각각 필요에 따라 수리해드렸는데 그 일이 군청에까지 소문이 난 것 같았다.

이렇다 할 이름이 없던 어벤져스 건축선교회는 어쩌다 보니 영월군에서 '열린 집수리 봉사단'이라는 이름으로 이렇게 재능 기부 사업을 신청하게까지 되었다(그렇다고 거창하게 무슨 홈페이지나 명함이 있는 것은 아니다. 건축선교회 전체 일을 담당하시는 영월 열린교회 유흥렬 목사님이나 내가 의뢰를 받아서 함께 의논하고 진행한다).

이번 사업이 결정되어 예수님 사랑으로 선정된 가정들이 우리의 사역을 통해 더 좋은 환경으로 바뀌기를 바라며 기도하고 있다. 모든 행복의 시작은 예수 그리스도이시기에, 우리가 주님의 사랑을 가지고 나아갈 때 이들의 영혼이 회복되고, 세우시는 주님의 은혜로 더 행복해지기를 소망한다.

덕천교회의 현주소와 방향

2018년부터 지금까지 6년째 목회를 해오는 동안 길지 않은 시간이지만 하나님은 덕천교회를 사랑하시고 덕천교회를 통해 놀랍도록 역사하셨다.

19년 만에 셋째 율이를 주심으로 재생산을 허락하신 것도 감사하지만 더욱 감사한 것은 그동안 복음의 불모지와 같은 덕천리에서 주님의 핏값으로 사신 덕천교회를 통해 6년 동안 율이(유아세례)를 포함해서 7명에게 세례를 베풀게 된 것이다. 도시의 큰 교회에서는 한 번에도 있을 수 있는 일이겠지만 우리 교회에서는 기적과도 같은 일이다.

주일마다 한 분 한 분 성도님을 태우러 간다. 골짝골짝 마을로 차량 운행을 하면 1시간 10분 정도 걸린다. 그렇게 다녀온 후 예배를 마치고 다시 운행하여 성도님들을 모셔다드리고 오면 주일 하루에만 왕복 120킬로미터를 운전하는 것은 기본이다. 교회 승합차로 7년 만에 30만 3천 킬로미터를 운행하는 기록을 세우기도 하였다.

덕천교회로 세워주신 아버지 하나님께 감사와 영광을 올려드린다. 덕천교회 목회를 통해 많은 열매를 보게 하심에 감사한다. 하나님은 목회 사역에서 가장 큰 보람을 허락하셨다. 성도님들의 삶의 변화와 믿음의 변화는 이루 말할 수 없을 정도로 감사와 기쁨이 넘친다.

대부분의 성도들은 예배가 시작되기 1시간 전부터 은혜의 보좌 앞에 나아와 예배를 사모한다. 말씀을 사모하고, 또 다른 영혼을 세우는 일에 어르신 성도님들은 각자의 방법대로 전도와 섬김을 실천하는 성도가 되어가고 있다.

지금은 세워진 성도님들을 말씀으로 양육하는 일에 특히 집중하고 있다. 양육을 통해서, 받기만 하는 사람이 아니라 받은 사랑을 나누고 섬기는 사람으로 변화되기 시작한다는 점은 너무도 큰 은혜다. 섬김의 사역으로 받은 바 은혜에 감사하여 할 수 있는 대로 섬김의 삶을 실천하는 성도들의 모습이 귀하고 감사하다.

주일 목회 외에 여전히 우리 부부의 주된 사역은 매주 수요일 심방 사역을 통해 성도님들의 삶에 들어가 필요를 채워드리는 것이다. 청소와 설거지, 주기적인 이불 빨래 사역을 계속하고 있다. 이 글을 쓰는 요즘도 1주일에 하루, 수요일은 섬김 사역의 날이다.

수요예배를 드린 후에는 성경 공부를 통해 한글을 가르치는 사역을 한다. 요한복음 1장을 무한 반복하는 성경 공부인데 내가 한 절을 선창하면 성도들은 한글을 알든 모르든 글씨를 보고 후창하는 식으로 한다.

그동안 6명의 어르신 성도님들과 참 즐거운 수요 한글 사역을 하였다. 어느덧 몇 가지 글자를 배운 할머니들은 자랑이라도 하듯이 내 앞에서 터득한 글씨를 손가락으로 짚으며 읽곤 하시고, 내가 무한한 칭찬을 해드리면 세상을 다 깨우친 듯한 표정을 짓기도 하며 웃음꽃을 피우신다.

한글을 배우고 나서는 삐뚤빼뚤한 글씨지만 성경 필사도 시작했다. 성경 쓰기 사역은 《햇살콩 필사묵상노트》(규장)로 하고 있는데 그동안 잠언, 요한복음, 시편 1,2,3권(한 권에 50편씩 쓰게 되어있다), 로마서, 사도행전, 바울서신을 필사하기에 이르렀다.

수요예배, 성경과 한글 공부를 마치면 어김없이 반찬 사역을 나간다. 반찬을 나눠드리고, 마을 한 곳을 정해서 전도하며 돌다 보면 금세 어두워지고, 하루 해가 떨어질 즈음에야 집으로 돌아오곤 한다.

하나님의 임재와 능력을 경험하는 예배와 섬김의 삶이 현재의 덕천교회가 나아가는 방향이자 현주소다. 섬김의 사역은 '받은 사람이 얼마나 그 사랑을 깨닫는가'가 중요한 것 같다. 주님은 우리에게 그저 최선을 다해 성령의 도우심을 힘입어 섬김을 실천하기를 원하시는 것 같다.

복지 사역의 새로운 꿈

내게 목회의 꿈이 있다면 하나님의 일하심을 꿈꾸고, 그 일들 가운데 행하시는 하나님의 일을 기대하며 나아가는 비전의 사람이 되는 것이다. 비록 농어촌교회, 산골 오지의 시골교회이지만 이곳 덕천리에서 행하실 하나님의 꿈이 내 꿈이 되길 간절히 소망한다.

분명한 하나님의 계획과 섭리 가운데, 우리 교회가 품은 비전을 통해 하나님의 살아계심을 드러냄으로 하나님께 영광이 되기를 간절히 기도한다. 그 비전은 곧 간절한 기도 제목이다.

시골 목회 사역에서 가장 기쁜 일은 예수를 믿지 않던 한 영혼이 구원받는 것이다. 그 영혼이 성령의 역사하심을 통해 복음을 받아들이고, 하나님이 주신 믿음으로 삶 속에서 예수님 믿는 것이 너무 좋다고 고백하며, 육신의 장막을 벗는 순간에 천국에서 만나기를 약속하며 천국 백성이 되는 것이다.

그렇기에 그 한 분이 떠나고 나면 그 빈자리가 너무도 크게 느껴지는 것 또한 사실이다. 그동안 두 분을 하늘로 보내드리고 두 분을 요양원에 보내면서 남몰래 몇 날을 울었는지 모른다. 인간적인 마음에는 너무도 가슴이 저려온다.

그 떠난 자리에는 평소 그 분들이 깔고 앉던 방석만이 덩그러니 놓여 있는데 눈에 밟혀서 몇 달이 지나도록 치울 수가 없었다.

어르신들은 대부분 그 인생의 마지막에는 거의 같은 수순을 겪으시는 것 같다. 혼자서 생활할 수 없는 단계에 이르면 요양원에 가시게 되는데, 그렇게 요양원에 가시고 나면 몇 달이 안 되어 돌아가시거나 혹은 그동안의 믿음은 다 잃어버린 것처럼 되어버리는 현실이 너무도 가슴이 아프다.

최씨 할머니도 그런 면에서 너무 안타깝다. 우리 교회가 어느 정도 복지 시설만 가능했더라면 소천하시는 날까지 함께 기도하고 찬송하고 성경 공부하고 한글 공부하면서, 비록 치매라는 병에 걸리셨지만, 복음 안에서 더욱 잘 섬겨드릴 수 있었을 텐데 싶어서 아쉬움이 크다.

그래서 하나님이 허락하시면 복지 사역을 하고 싶다. 할 수만 있다면 어르신들의 이 세상 마지막 순간까지 함께해드리고 싶다. 교회 앞 땅을 매입해서 주간보호센터나 어르신 유치원, 더 나아가 요양원 사역을 할 수 있게 해달라고 기도하고 있다.

덕천리 마을 주변은 이런 시설을 이용할 수 있는 여건이 되지 않는 게 현실이다. 사실 우리 덕천리 마을회관이나 경로당은 거의 무용지물이나 마찬가지다. 어르신이 경로당을 가려면 걸어서 산을 넘어야 하기 때문이다. 경로당 주변에 사는 어르신 몇몇 분만 이용하기에 거의 문이 닫혀 있는 실정이다. 어르신들은 그야말로 갈만한 곳이 없다. 버스도 들어오지 않기에 읍내를 한번 나가려고 해도 쉬운 문제는 아니다.

이런 상황에서 교회가 할 수 있는 일이 무엇일까? 깊이 고민하면서 품게 된 비전이 바로 어르신 유치원과 같은 요양시설을 세우고 그 분들을 섬기는 것이다. 어르신들 인생의 마지막에 예수 복음으로 채워지고 천국 백성 되는 것이 가장 큰 축복임을 알기에 이 소원을 비전으로 품게 되고, 이것을 위해 기도하게 되었다.

우리 교회가 복음의 전진기지로 쓰임 받기를 소원한다. 샤머니즘이 강한 지역이지만 복음과 함께 섬김의 사역으로 복지 사역을 해나가면서 예수 그리스도의 사랑을 전하고 증거하기를 소망한다.

또 다른 소망은 우리 덕천리 지역이 복음으로 하나 되는 마을이 되는 것이다. 이미 승리하신 예수 그리스도의 보혈로 이곳을 덮어주셔서, 모든 우상이 무너지고 사라지며 복음으로 하나 되어 마을 전체가 예수님 믿는 믿음의 덕천리가 되길 간절히 소망한다.

> 너희 안에서 행하시는 이는 하나님이시니 자기의 기쁘신 뜻을 위하여 너희에게 소원을 두고 행하게 하시나니 빌 2:13

결산 받을 그 날을 바라보며

매주 우리 교회는 주일 예배를 마친 후 성도님들과 함께 식사 교제를 나눈다. 매년 5월쯤이면 빼먹지 않고 식단에 넣는 음식 중 하나가 다슬깃국이다. 강원도에서는 '골뱅이 국'이라고도 부른다(흔히들 무침으로 먹는 커다란 골뱅이는 큰구슬우렁이이고, 강원도에서 '골뱅이'라고 부르는 것은 다슬기를 가리킨다).

하나님이 덕천리의 환경에 허락하신 선물 중 하나가 '동강'(東江)이다. 매년 동강에 있는 골뱅이(다슬기)가 어르신들에게는 이제 '그림의 떡'인 듯하다. 젊은 시절에는 골뱅이를 많이 잡았다는 무용담을 쏟아내곤 하신다. 나이가 드시니 이제는 골뱅이를 잡을 기력조차 없지만 그 맛은 기억하시는 것 같았다.

"골뱅이 국 한 그릇 먹었으면 좋겠네"라는 말씀을 아내는 귀담아들었던 모양이다. 매년 강물이 범람하기 전에 한두 차례 꼭 골뱅이를 잡아 와서 손질하고 주일 점심상에 올리곤 한다. 골뱅이 국은 건강에 좋다고 서로들 말씀하시며 참 맛있게 드시는 모습을 보면 마음이 따뜻해진다.

며칠 전, 어김없이 해 질 무렵 나가서 골뱅이를 잡아 온 아내와 솔이가 나를 불러서 자기가 잡은 골뱅이를 봐달라고 요청한다.

"골뱅이 많이 잡았어요! 내일 실컷 먹겠어요."

양파 자루에 반절 정도 잡아 온 골뱅이를 보란 듯이 그릇에 쏟아내고는 자신의 수고를 통해 얻은 결과물을 남편이자 담임목사인 내게 결산 받기를 원하는 모양새다. 그때 내 머릿속으로 문득 들어온 단어가 있었다.

결. 산.

바로 '결산'(決算)이라는 단어였다. 그렇지! 마치 골뱅이를 잡아와서 쏟아 보이며 결산 받기를 원하는 아내처럼, 나도 내 삶, 목회자로서의 사역, 주님이 맡겨주신 일들을 가지고 주님 앞에 서는 날, 주님 앞에서 결산 받을 때가 있지 않은가!

나는 선한 싸움을 싸우고 나의 달려갈 길을 마치고 믿음을 지켰으니 이제 후로는 나를 위하여 의의 면류관이 예비되었으므로 주 곧 의로우신 재판장이 그날에 내게 주실 것이며 내게만 아니라 주의 나타나심을 사모하는 모든 자에게도니라 딤후 4:7,8

목회 사역의 최종 목적지는 바울 사도가 그러했듯이 결산 받으실 분, 예수 그리스도 앞에 서는 것이다. 주님 앞에 서는 날에 주님께서 "너는 무엇을 하다 왔니?"라고 물어보시면 나는 과연 뭐라 대답할까? 향방 없이 달려가지 않고, 분명하고 정확한 푯대를 향해 달려가는 사역이 되길 소망한다.

내 주님 앞에 섰을 때 주님이 부끄럽지 않으시도록, 부르신 이를 기쁘시게 하는 사역이 되고 싶다. 많은 사람을 옳은 길로 인도하지는 못했을지라도, 적어도 주님이 그토록 찾으시던 잃어버린 한 영혼을 주께로 인도하여 결산 받고 칭찬받기를 간절히 소원한다.

그래서 주님께서 "너 뭐 하다 왔니?"라고 물으시면 "저 최옥녀 할머니 데리고 왔어요, 저 양덕순 할머니 데리고 왔어요, 한덕삼, 이창재, 배동옥, 박순애, 박옥분…" 하며, 주님이 사랑하시는 영혼 한 명 한 명의 이름을 말할 수 있기를 소망한다. 여전히 부족하지만 주님 앞에 설 날을 고대하며, 결산하실 이를 기쁘시게 하는 사역의 주인공이 되기를 간절한 마음으로 꿈꾸어본다.

부름 받아 나선 이 몸 어디든지 가오리다

초판 1쇄 발행	2023년 9월 15일
지은이	최기수
펴낸이	여진구
책임편집	최현수
편집	이영주 박소영 안수경 김도연 김아진 정아혜
책임디자인	마영애	노지현 조은혜 이하은
홍보 · 외서	진효지
마케팅	김상순 강성민
제작	조영석 허병용

마케팅지원 최영배 정나영
경영지원 김혜경 김경희 이지수

303비전성경암송학교 유니게 과정
이슬비전도학교 / 303비전성경암송학교 / 303비전꿈나무장학회

펴낸곳 규장

주소 06770 서울시 서초구 매헌로 16길 20(양재2동) 규장선교센터
전화 02)578-0003 팩스 02)578-7332
이메일 kyujang0691@gmail.com
페이스북 facebook.com/kyujangbook
카카오스토리 story.kakao.com/kyujangbook
등록일 1978.8.14. 제1-22

홈페이지 www.kyujang.com
인스타그램 instagram.com/kyujang_com

ⓒ 저자와의 협약 아래 인지는 생략되었습니다.
이 출판물은 저작권법에 의해 보호를 받는 저작물이므로 무단 전재와 무단 복제를 할 수 없습니다.

책값 뒤표지에 있습니다.
ISBN 979-11-6504-463-3 03230

규 | 장 | 수 | 칙

1. 기도로 기획하고 기도로 제작한다.
2. 오직 그리스도의 성품을 사모하는 독자가 원하고 필요로 하는 책만을 출판한다.
3. 한 활자 한 문장에 온 정성을 쏟는다.
4. 성실과 정확을 생명으로 삼고 일한다.
5. 긍정적이며 적극적인 신앙과 신행일치에의 안내자의 사명을 다한다.
6. 충고와 조언을 항상 감사로 경청한다.
7. 지상목표는 문서선교에 있다.